「モテ」と「非モテ」の脳科学

おじさんの恋心はなぜ報われないのか

菅原道仁
山田ゴメス

まえがき

もう10年も20年も前の話だろうか、なにかの新聞（スポーツ紙）か雑誌で、なんて珍妙極まりない新説を、それなりにちゃんとした教授だか学者さんが、それなりに正式な学会だかなんだかで公的に発表したというニュースを目にしたことがある。

「鼻糞を食べると免疫力が高くなる」

あまりに荒唐無稽すぎる異端で過激な暴論ではあったが、「自身が分泌した雑菌（＝鼻糞）をみずからの体に害のない量だけ摂取する（＝食べる）行為は、ある意味ワクチンと同じような理屈なのではないか」と、不思議なくらい私の胸にはすっと入ってきた。

また、最近、「週刊現代」のセックス特集にあった、英国の生物学者ロビン・ベイカー博士による、

「女性器の粘液（俗に言う〝愛液〟）は、強い酸性という特徴を持っており、大量に濡れるということは精子の殺傷能力も高くなるということ。ただし、それは精子の受け入

れを拒否しているとはかぎらず、これだけの悪条件を課しても、私を妊娠させる能力があることを証明してみなさい、と相手男性の生命力を試している……との見方もできる。すなわち、かぐや姫が求婚してきた男性にさまざまな無理難題を突きつけるのは、女性の本質を表している」

といった提唱も、私にとってはじつに納得ができる言であり、私はそういった生態学的な根拠を大雑把な裏付けとして〝ややこしい部分〟を徹底的に端折《はしょ》り（それが正しかろうが間違っていようが）、物事を文学的に単純化するロジックが大好きなのだ。

私が脳神経外科医の菅原道仁先生と初めて出会ったのは、本書のベースとなっている『ＬＯＶＥ ＢＲＡＩＮ～脳科学恋愛研究所～』を連載してくださっているニュースメディア『ｃｉｔｒｕｓ』の前身である『Ｎｅｗｓ Ｄｉｇ』での対談であった。

たしか「菅原先生がクルマへの愛を語る」みたいなタイアップ案件だったと記憶する。「動物で一番大切なパーツである脳をいじるヒトなのに、なんてチャラいおっさんなんだ」と最初は思った。「最初は」どころか、今でも「チャラい」印象は払拭《ふっしょく》されていないままなんだけれど（笑）、私もチャラさにはいささか自信のある似た者同士ゆえか、たちまち意気投合した。

一緒に合コンに参加したり、女性が混じる飲み会などに行ったりして、その都度、前向きな反省会をバーや喫茶店でふたり淋しく繰り返し、おたがいを慰め合い、ときに出し抜き合ったりもしたものである。

菅原先生は、以前から「脳科学に基づいた恋愛指南書」を書いてみたかったらしい。私も、「恋愛」なる複雑難解な、老若男女すべてが永遠に囚われ続けるテーマを、医師の監修を後ろ盾に「脳科学の観点から理路整然とした単純化をはかる試み」に並々ならぬ興味を感じていた。「オレら、(反省会では) すごくイイこと言ってない?」「せっかくここまでイイこと言ってるんだから、全部まとめて本にしたいよね」……と、そんな具合に、だ。

本書にはおのずとながら、私と菅原先生の同世代 (=40代~60代半ばあたり) の男性、いわゆる「おっさん」が抱える恋愛の悩みが多く登場し、「心や生き方までをサポートする治療」を信条とする脳神経外科医と、「永遠の思春期」をみずから標榜《ひょうぼう》する老獪《ろうかい》なベテランライターが、それら一つひとつに取り組んでいくスタイルを、メインとしている。

いっぽうで、女性からの質問も、あえていくつか掲載してみた。「女性がどう恋愛に悩み、どんな思考パターンでどのような言動に出るのか」を知らずして、恋愛のサクセスストーリーなんぞ、描けるはずもないからだ。

逆もまた然り。超高齢化社会とともに増殖する「キモいおじさん」の「キモさ」の正体、「キモさ」の裏に潜む「愚直さ」と「素朴さ」を私は女性にこそ知ってもらいたい。そして、その「キモさ」の、ほんの何割かは「チャーミング＝可愛さ」と捉えることもできなくはない……という寛容と博愛の精神に、本書を通じておめざめいただければ幸いである。

山田ゴメス

Part 1

モテないおじさんの深い悩み編

Part 2
年の差は超えられるのか超えられないのか編

Part 3
水商売のおねえさんに関する疑問編

Part 4

女性たちの悩みに学ぶ編

Part 1

モテないおじさんの深い悩み編

50歳過ぎてから
めっきり
モテません！

それは恵まれた
悩みです！

悩み 01

なぜいくつになっても恋愛に振り回されるのか

私たち人間はなぜ、何歳になってもウジウジと恋愛に悩み、振り回され続けてしまうのでしょう……?。

（60歳・既婚男性／大手商社役員）

ゴメスのひとり言

私は（自分からは絶対に名乗らないが）、記名の文章を寄稿したり、コメントを依頼された場合、たまに「恋愛系に強いライター」だとか「恋愛コラムニスト」だとか、そういった肩書を版元の独断で、ぬるっとくっつけられてしまうことがある。

ただ単に、自分のつたない経験則から学んだ過去の教訓を、歯に衣を着せない論調で語っているだけで、それがときにベストなタイミングでハマって、恋愛に悩み、あと一歩が踏み出せない読者の方々の背中を押すのかもしれない。

しかし、その経験則は残念ながら「自身の恋愛の悩み」に関しては、ほとんど役に立たない。自分のことになったら途端にポンコツになってしまう……。「百の恋愛には百のパターンがある」という〝恋愛マニア〟が、つい抱きがちな、まるで麻薬のようなロマンティシズムが、私の学習能力をことごとく奪ってしまうからである。

もし、こんな私（ら）の恋愛における（おそらく）生涯の一進一退状態の根拠が「すべて脳にある」というなら、脳科学者は「最強の恋愛カウンセラー」となりうるはずだ。

いい年になっても恋愛に振り回されるという、最初の質問者の悩みは、まさに私の悩みでもある。さっそく菅原道仁先生に聞いてみようではないか。

Dr.菅原の回答

数値化できない要素が多いから人は恋愛で悩む

人間の悩みは人それぞれたくさんありますが、多くの人は「お金」と「恋愛」で悩んでいるのではないかと僕は思います。とくに、恋愛は「フェロモン」や「気が合う・合わない」など、判断基準が曖昧で実体がないケース、すなわち数値化できない要素が多いため、「自分を理解すること」がよりむずかしい。だから人は悩むのです。

たとえば、ここに赤いバラがあるとしましょう。しかし、僕が感じている赤と、あなたが感じている赤は、微妙に違っています。花が有している赤を、コンピュータのようにRGB（※赤＝Red・緑＝Green・青＝Blueで組み合わされて表現される「光の三原色」のこと）で分解して判別しているのではなく、「認知」（※心理学上では、知識を得る働き、知覚・記憶・推論・問題解決などの知的活動を総称する）という我々の脳の機能で判別しているからです。そして、その機能には、人によって〝個性〟があるのです。

仮に、あなたが「バラが飾られたレストランでプロポーズを果たして成功した」経験があったとします。すると、その「赤」にポジティブな感情が付加され、いっぽうで、僕に「バラをプレゼントしたのにフラれた」経験があったとしたら、その「赤」にネガティブな感情が付加されて、ふたりは異なった「赤」を認知するわけです。そんな「感情のすれ違い」は脳の仕組みから来るもので、しかも、この類のズレは「恋愛における悩みの大半の原因」でもあります。なので、そこらへんを脳の見地から最短距離で解決できるようなお話ができればいいかな……と。僕がかねがね「脳専門家の立場から、恋愛系の書籍を出版したい」と考えていたのはこういう理由なのです。

結論

「感情のすれ違い」は脳の仕組みによる。そのズレが「恋愛で生じる悩み」の大半の原因！

悩み

02

中高年の色気の「正体」とはなにか

よく「中年男性の色気」とか「年を取ってもセクシー」……などと言いますが、その「色気」「セクシー」の正体とは、いったいなんなのでしょう？　また、それらを身につけることによって私みたいなサエない中年男でもモテるようになるんだったら、その「身につけ方」を伝授してください。

（48歳・既婚男性／地方公務員）

ゴメスのひとり言

中年男性の「色気」や「セクシー」の正体と、その「身につけ方」を菅原先生に語ってもらう前に、ひとつ確認しておきたいことがある。既婚者のあなたが言う「モテる」とは、はたしてどういう状態を指すのか？ バーとかで偶然隣り合わせた女性と一夜のアバンチュールを楽しみたいのか、もしくは不倫がしたいのか？ 若い女子とピンで食事やディズニーランドに行けるだけで十分なのか？ それとも「○○さんってシブいよね」と同僚の女性社員に噂されるだけで満足なのか……？ 対女性の究極的な二択に置き換えれば「上司にしたい男」と「抱かれてもいい上司」どっちになりたいのか、ってことである。

もちろん、どちらを選ぶかによって戦略は根底から変わってくる。仮に前者「上司にしたい男」になりたいなら「色気」や「セクシー」は時にマイナス要素として働くケースだってあり得るのだ。まずは「モテる」の明確なビジョン、あなたが着地したい最終目的のイメージをきっちり具現化する作業から始めてみてはいかがだろう？

Dr.菅原の回答

色気とは経験に裏打ちされた〝自信〟である

私が色気のある男性と聞いて思い浮かべるのはジェームズ・ボンド。映画007シリーズの主人公で、世界一有名なスパイです。ジェームズ・ボンドは、初代のショーン・コネリーからダニエル・クレイグまで、6人の俳優さんたちが演じています。どのジェームズ・ボンドもセクシーで色気のある魅力的な男で、異性からだけではなく同性からも人気があります。

なぜ、ジェームズ・ボンドはこんなにも魅力にあふれているのでしょうか。それは、私が思うに「自信」といわれているものがにじみ出ているからではないかと考えます。スパイという危険極まりない仕事を日々こなしており、あらゆるピンチを乗り越えることができる実力に裏打ちされた自信。自分の正義を信じて行動する姿は、たくさんの人たちを魅了してきました。それがセクシーで色気の根源ではないかと思います。

その自信が心に余裕を生み、「マティーニをステアではなくシェイクで」というようなバーでの振る舞いや、レディーファーストを忘れない女性のエスコートやウィットに富んだユーモアのある発言ができるのです。

しかし、ジェームズ・ボンドのような自信を持てと言われたって、今の仕事に誇りを持てる人は少ないと思います。忙しさに追われ、惰性で過ぎていく日々。自信に裏打ちされた男の余裕なんて持てないよ、という人たちは多いでしょう。そんな私たちがセクシーな色気を持つことは夢物語なのでしょうか。

いえいえ、そんなことはありません。最新の研究結果によると、誰でも自信を身にまとうことができる、ということがわかってきました。

ガッツポーズでテストステロンを分泌させる

ボディランゲージと言動の関係性を研究している社会心理学者であるエイミー・カディ教授によると、人間は力を誇示する場面では両手を上げてガッツポーズをしたり、腰に手を当てて胸を張ったポーズをしたりして体を大きく見せます。いっぽう、自信がないときには体を縮ませて猫背になり自分の体を小さく見せようとするそう。なるほど、今までの自分の行動を省みると、そうなっていることに気づくはずです。

それでは、逆に体を大きく見せようとするだけで自信がついたような雰囲気をまとうことができるのでしょうか？　エイミー・カディ教授によれば、それは可能とのこと。

その秘密は、私たちの体内にあるテストステロンとコルチゾールに関連しています。テストステロンは男性ホルモンのひとつで、筋肉量や強度を保ったり、骨格をがっちりしたりする作用があるだけではなく、メンタルにも作用して、やる気やチャレンジ精神を引き起こしたり、公正さを求めたりして社会貢献をしたくなる思いが強まります。コルチゾールはステロイドホルモンの一種で、私たちがストレスにさらされると体を守ってくれる作用がありますが、過度な分泌が続くと記憶の中枢である海馬の神経細胞がダメージを受けてしまうことが知られています。

エイミー・カディ教授の実験では、体を大きく見せるポーズを取った人はテストステロンが増加し、そしてコルチゾールが減少した結果が得られました。つまり、**実際に自信があってもなくても体を大きく見せるポーズを取るだけで、余裕のある自信を身にまとうことができるのです。**

ここ一番のデートのとき、絶対に失敗できないプレゼンのとき、さまざまな勝負に出なくてはいけないシーンの前に、鏡の前で2分間ほどガッツポーズを取ったり、両手を腰に当てて胸を張って体を大きく見せてみましょう。外出先のトイレのなかでもかまいません。すると、テストステロンの分泌があなたの心にやる気と余裕を生み出してくれます。そうすれば、自然とあなたの取る「行動」がいい方向へと変わり、モテ男への第一歩を踏み出すことができるでしょう。

結論

セクシーな色気を身にまといたかったら、まずは猫背をやめよう

悩み
03
50歳すぎて急にモテなくなった理由は？

30代40代のころは女性に困ったことがなかったんですけど、50歳を越えて急にモテなくなってしまいました。一応、食事などに付き合ってくれる女性は数人いなくもないんですけど、〝その後〟に到る淫靡な雰囲気になるケースがほぼありません。合コンに参加しても、イイ思いをするのは他の若い男性陣ばかりで、自分はただの「いいおじさん」止まり……。単なる偶然なんでしょうか？　それとも、なにか脳科学的な要因があるんでしょうか？

（55歳・独身男性／音楽プロデューサー）

すごくわかる！　私は現在56歳だが、自分も50歳を越えたあたりからめっきりモテなくなった。40歳を越えたあたりでも「30代と比べたら……」みたいな一種の喪失感を抱きはした。けれど、そのギャップの開きは40代のときとは雲泥の差で大きいように思う。とにかく「セックスまで持ち込める確率」がぐんと減ってしまった。最近は、お酒を飲めば午前0時を過ぎると途端に眠くなって、「エッチより睡眠」の意識が勝り、「口説く」という行為を途中放棄せざるを得なくなることも、しばしばある。体力と根気が衰えてきたのだろう。

しかし野球とテニスでそこそこ鍛えているせいか、お腹はまだ出ていない。髪の毛も一応まだ残っている。多少酔ってもまだまだビンビンだし……。つまり、加齢による見た目や下半身機能低下のコンプレックスが、〝攻めの姿勢〟にブレーキをかけることも、現時点では全然ないわけだ。なのに、どうして……？　やはり、種の保存本能の一環として、メスは若いオスからタネを植えられたい性質がある――そういったようなことなのだろうか……？

ゴメスのひとり言

Dr.菅原の回答

なんでもかんでも「種族保存本能」で片づけるのはズルい

人間も動物なわけですし、また、我々動物が生きていくためには、種の保存が第一目的となるため、生殖能力が大きなポイントとなるのは間違いありません。でも、僕はここまで複雑に進化した人類を、なんでもかんでも「種族保存本能」の一言で片づけるのは、逆にズルいと考えてしまうんです。

だって、60歳70歳になっても輝いている男性はたくさんいるじゃないですか。たとえば、「人間の嗅覚と視覚が退化した理由は、喋ることができるようになったから」という話をご存じでしょうか？　我々人間は社会性がある動物ゆえ、嗅覚や視覚がさほど発達していなくても身の安全を保てるようになりました。別に、匂いで「食べられるもの・食べられないもの」を判別できなくても、人から会話を通じて教えてもらえば、それですむわけです。いっぽうで、衰えたとはいえ、動物としてのセンサーはまだ残っているため、認識できていない匂いやビジュアルが脳には作用している場合もあります。

そして、「昔はモテたのに」と愚痴る男性は、年齢や職業から培《つちか》ってきたあまりに豊富な恋愛経験がむしろアダとなり、過去のデータ、表現を変えると「言語から構成されている情報」に頼りすぎて、「女性の本能的な部分に訴えかける魅力」を無意識下で封印しているのです。一般的な言葉を使えば、「フェロモンの減退」とでも表現すればわかりやすいでしょう。ただし、「フェロモン」は、昆虫などの研究では大変進んでいますが、人間に当てはめるとまだまだ解明されていないことが多いのです。それよりは「オキシトシン」のほうが言葉としては正確かもしれません。とくに女性が出産時によく分泌するホルモンのことで、これが盛んに分泌されると、ストレスがなくなる・愛情深くなる・幸せな気分になると言われています。これは別名「思いやりホルモン」とも呼ばれており、ボディタッチを交わしているときなど、やさしい気持ちでいる状態になるほど、分泌されます。

さらに、オキシトシンを「嗅がせること」で相手の信頼を得やすくなる作用もあるんです。実際、ある心理学の実験で「オキシトシンを嗅がせた人間の群と嗅がせなかった人間の群とでは周囲からの信用度が違ってきた」という結果も報告されています。

「共感を得る」ことが「モテる」の第一歩

だいたいが「モテなくなった」なんてセリフは、じつのところ、すごく恵まれた悩みだと僕は思うんです。なぜなら「モテなくなった」ということは、逆に「モテていた」経験があるわけですから。一皮むけば、けっこうな〝上から目線〟なのです。もう、昔のように速い球が投げられない、数年前はストレートで三振取れたのに……と苦悩するベテランピッチャーのように、過去のイメージに縛られるのはやめませんか？昔はモテていた――その実績を自信に変えましょうよ。かといって、「若いころはオレも…」的なおじさんになれってことではありません。それを常套句とするおじさんは確実に煙たがられます。もはや脳科学云々とはまったく関係のない次元の問題です。

モテるために重要なのは「共感」を獲得すること。人間、基本は誰しもが「しゃべりたがり」で、年齢を重ね、いろんなバックグラウンドが増えていけばいくほど、「それを人に話したい」欲求が強くなってきます。そこをぐっとこらえて聞き役に回り、共感の空気をつくるよう努力してみましょう。とりあえずは、相手の発言を真剣に聞く姿勢を忘れず、言いたいことがあっても我慢して女性の「しゃべりたい願望」を満たしてあげること。そうした「慈しみの精神」があれば、何歳になっても相手のオキシトシンが分泌され、忙しい毎日に疲れた心を癒やしてあげることができます。

結論

おじさんは過去の経験に縛られて、自分アピールをしすぎるためにモテなくなる

悩み

04

ライバルを出し抜く方法はあるか？

身長１６８㎝の中肉中背、容姿は可もなく不可もなくで、会話も苦手な私は、婚活パーティに行っても合コンに参加してもまったく目立たず、なかなか次のステップに進めません。こんな影の薄い私でも、大人数のなかで他のライバルたちを出し抜ける方法はありますか？

（39歳・独身男性／調理師）

ゴメスのひとり言

タンクトップに半ズボンとか、全身ピンクとかでキメりゃ、間違いなく目立つと思う。実際、私は一度「今すぐ来て」と急に呼ばれた合コンに、オールピンクのタンクトップ&半パンで参戦したことがある。近所のコンビニに向かう途中、たまたま連絡があったため、家に帰って着替えるのも面倒だったので、普段着（?）のまま直行したのだ。そのときは、さすがに「目立つ」を通り越して、変質者が乱入してきたような目で見られてしまい、誰も近づいて来てはくれなかったが。そりゃあ現実問題として、相談者のようなちゃんとした職に就く人に、サンシャイン（池崎）風や（林家）ペー&パー子師匠風のファッションが「ハードル高すぎ」なことぐらいは十分に承知している。

ただ、私は別にファッションで奇抜さを演じなくても、わりとどこに行っても目立つのである。目立つから一応どの女性も話しかけてきてはくれる――そのなかから「私がタイプな子」ではなく「私を受け入れてくれそうな子」を見極めて、彼女にまた別の飲み会を開いてもらう……。「成人したイイ大人は似た者同士でしかつるまない」の法則で、私と気が合う女性なら、その彼女が連れてくる友だちともかなりの高確率で気が合う。こうやって手駒を芋づる式に増やしていって……。

そんなこんなで「まわりに女性がたくさんいる」という意味では、比較的不自由していない。決して自慢するわけではないのだけれど、（肉体関係の有無を問わねば）1週間毎日違う女性とデートすることだって数字上は可能だったりする。以上、身長も170cmそこそこしかない、顔こそ少々濃いめだが、声もさほどデカくない。加えて、見た目の若さで20代や30代前半の男子たちに混じってもさほど違和感のない、まもなく還暦の私がなぜ目立つことができるのか？　わんさか女性が寄りついてくるのか？　ぜひともセンセイに分析していただきたい！

Dr.菅原の回答

「次の話を聞きたい」と思わせる〝もったいづけ〟がポイント

「まずは目立たなきゃ」という観点からすれば、ゴメスさんの「オールピンクのタンクトップ&半パン作戦」は、ある意味間違ってはいません。〝突出した外見〟で異性に接するのは、孔雀が翼を広げて求愛行動をしているようなものですから。ただ、完全に拒絶される場合も十分にあり得ます。

とりあえず、ゴメスさんが「どこか謎めいている」というのはポイントとして確実にあると思います。だって僕、ゴメスさんが朝起きて夜までどういう生活しているのか、さっぱり想像できないし。

脳科学的に説明すれば、私たちは達成できなかったことや中断していることのほうを、達成できた事柄よりもよく覚えているということがあります。すなわち、人間は秘密めいているモノ、未完成なモノに興味を示す習性があるわけです。おそらく、ゴメスさんは「次の話を聞かせてほしい」的な相手の好奇心をかき立てる磁力が強いのでしょうね。「天性の才能」ってヤツです。「続きはCMのあとで！」みたいな？　こういった「続きを知りたくなる欲求」、たとえば、若くして亡くなったアーティストが神格化されやすいことや、うまくいった受験日のことよりも失敗した受験日のことをよく覚えていたりすることを専門用語では**「ツァイガルニック効果」**と呼びます。

では、この「ツァイガルニック効果」を利用した〝もったいづけ〟をする方法の応用を考えてみましょう。

合コンでいきなり名刺を女性に渡してはいけない

ひとつめのアドバイスは「合コンなどで相手の女性と名刺交換するのをやめてみること」。名刺というのは、あの1枚の紙切れのなかにすべての情報が詰まっています。**「のっけから自分のバックボーンを全部明かしちゃってどうするの?」**という理屈です。

しかし、インパクトの強い名刺であれば、続きが気になる男になれるかもしれません。私の友人に地方議員をやっている男性がいるのですが、彼の名刺は普通の2倍くらいでかい! 大きさのインパクト以上に、彼の「人となり」に興味を持ってくれる効果もあります。これがきっかけで「どこか謎めいている人」「予測不能な人」になれれば、政治家としての興味はもちろん、「もしもふたりで会ったらどういったデートに連れていってくれるのかな?」とか、「ベッドではどんな感じになるのだろう?」などと勝手に想像して続きが気になってしかたなくなる、という可能性も高いでしょう。

ふたつめのアドバイスは**「弾みかけている会話をあえて強制終了してしまうこと」**。

たとえば、金融系に強い職業の男性なら、誰しもお金の話には興味がありますから、たとえば、実態や本質を理解している人が少ない仮想通貨の話などを振るだけ振って、途中でスパッとやめてしまう。そこからツァイガルニック効果を応用して、相手に自分への質問をさせるよう転じるわけです。仮想通貨への食いつきが悪ければ、公開して間もない映画でも、先月オープンしたばかりの新しいお店の話でもなんでもかまわないから、他のいろんな手数を出していけばいい。

相手が食いついてきても、性急に自分の持ち札をすべて出し切ってしまったら、ただの「物知りな人」止まりで、「謎めき」は生まれないということです。

結論

自分の「すべて」を最初から公開しようとするな

悩み

05

「シブい」と「キモい」の差はどこにあるのか

頭髪は薄くなるいっぽうで、お腹もでっぷり出てしまっている私は、街を歩いていても、電車に乗っていても、女子高生や女子大生や若いＯＬさんから「なに？　このしょぼくれオヤジ！」「ダサいから私の視界に入らないでほしいんですけど！」……などと内心で罵倒されている気がしてなりません。中学2年生の娘にも「おじさん、臭いから息（呼吸）しないでくれます？」なんて言われたりしています。今さら「女性にモテたい」とは申しません。「シブいおじさん」と褒められるだけで満足です。こんな私に良きアドバイスをお願いします。

（59歳・既婚男性／食品工場総務）

ゴメスのひとり言

たしか30ページで「見た目の若さで20代や30代前半の男子たちに混じってもさほど違和感のない、まもなく還暦を迎える私」と書いたが、よくよく冷静になって考えれば、20代や30代ばかりの合コンで、56歳の私に違和感がないはずはない。存在しているだけで、嫌でも悪目立ちしちゃっているはずなのだ。

でも、そんな悪目立ちの「悪」の箇所を好きになってくださる女性は、必ずいる……に違いない。たとえその遭遇率が地球に隕石が落ちる確率並みの0・000……1％だとしても、0％では決してないのである。「枯れセン」だとか、「ハゲセン」「デブセン」「シワセン」「(歯槽)膿漏セン」ほか諸々のマニアックな嗜好を持つ奇特な女性だって、この広い世界の然るべきどこかには生息している……かもしれない。大切なのは、(万一)そういった物好きな女性と運命の出会いを果たしたとき、その彼女がただよわせる〝不思議ちゃん臭〟を瞬時に嗅ぎ取る感性、鋭敏なアンテナである。さらに、「自分が好きな女性」ではなく「自分のことを好きになってくれる女性」にアタックをかける、効率性を重視した謙虚な姿勢を意識すれば「褒められるだけで満足です」なんてささやかな願望しか抱けない、心なしか被害妄想気味な相談者にだって、〝新たな出会い〟は十分にあり得る、と私は思う（思いたい）のだが、センセイどうっすか？　あ！　このヒト既婚者でしたっけ？

Dr.菅原の回答

「自信」は口に出さないかぎりどれだけ持っていても自由

まず、ゴメスさんのその根拠のない自信は素直に見習ってください。あなたが街を歩いていたり電車に乗っていたとき、もしも若い女性から「このしょぼくれオヤジ！」と思われていたとしても、その「悪目立ち」の「悪」の箇所をプラス要素に変える発想を持つべきです。「年輩ならではの経験豊富さ」こそが「謎めいたオーラ」を演出できる最大の武器なのですから、自信満々に開き直ってみましょうよ。野球でも、ピッチャーの見下ろすような態度に飲まれたら、それだけで打てなくなるでしょう？

とはいっても、私には人に自慢できることはなにもない！　と嘆く方も多いでしょう。しかし、そもそも自信というものはどんなものでしょうか？　自信というものは、「他人から褒められたこと」ではなく、自分に対しての「楽観的勘違い」をも含む自己評価なのです。ですから、「自信を持つ」のは、一般的には口に出して自慢できるようなことではなくても、どれだけ持っても自由なわけです。たとえば、「オレ、今日は仕事をきっちり5時に終わらせたぜ！」「遅刻しないで10分前にちゃんと出社したんだぜ！」「オレってすごすぎ！」でいいのです。薄毛でも「オレ、男性ホルモン強いんだぜ！」「ジャン・レノ風だよね！」でかまいません。

その気になれば「自分のすごい部分」なんか、すぐに見つかるんです。

あと、医師の立場からもうひとつ。先にも述べましたが人間が醸す「自信満々」な雰囲気というのは「姿勢」が大きく関わってきます。体の動きをちょっと変えるだけで、思考自体も変化する。脳科学的にも、胸を張って腕を上げていると、ただそれだけで、辛いことを思い出しても悲しい気分になりません。悲しい気分になろうとしても、なれないのです。逆に、背中を丸めて歩けば、それだけで自信がなくなってしまいます。

ゆえに、「シブい」と呼ばれるおじさんに、猫背は絶対にいません。普通の洋服でも姿勢さえ良ければそこそこかっこよく見える。さらに、「姿勢」が悪いと、約5kgもある頭の重さを支える負荷が首や肩にかかるので、〝コリ〟の原因になるし、胸部や腹部を圧迫するため、深い呼吸ができなくなったり、胃腸の調子が悪くなったりします。突き詰めれば「もう若くはないんだから、自分の体をもっと大事にしてください」という結論になるわけです。

結論

どこに自信を持つかは自分で決めよう

悩み 06

おじさんの定義とはなにか？

おふたりから見てズバリ！「こいつ、おっさん臭くてモテないな」「絶対、女の子も寄ってこないだろうな……」と感じるのは、どんなタイプの中高年男性ですか？

（51歳・既婚男性／自営業）

ゴメスのひとり言

40代後半のころから、話がくどくなる傾向が顕著になってきている気がしてならない。あきらかに口に出したばかりのことをすぐに忘れてしまい、「あれ？　さっきから同じこと何回も言ってる？」といった既視感がよぎるケースがとにかく多い。ここがまさに「おっさん臭い」と思われるポイントではないだろうか。とくにお酒を飲んだときのリフレインオヤジの炸裂っぷりは、かなりヤバかったりする。女性は、まだ肉体関係のない男性とふたりきりで酒の席をともにしているときは（よほどの酒豪や性に奔放なタイプを除けば）往々にして警戒心も強くなるため、おのずと自分の臨界点を秤《はかり》に掛けつつ酒量のセーブスイッチが脳内で働き、男性よりも酔っぱらいにくいものである。一見、同じペースで飲んでいるようであっても、それは男性側が3杯飲むところを隠れて2杯に抑えているか、臨界点が我々より高いか、のどちらかでしかない。女性は男性が酔っている姿を、常に冷静な目で観察している――ここまでちゃんと分析できているのに、どうして我々は性懲りもなく飲みすぎてしまうのか？　これを「加齢による判断能力の低下」のせいにしてはダメなことくらい、わかっちゃあいるのだが……。

Dr.菅原の回答

モテないおじさん3原則：その1「くどい」

「モテないおじさん」の顕著な傾向を挙げるなら、**「くどい」「目線が定まらない」「見返りを求めすぎ」の3つ**だと私は考えます。ここではまずひとつめの「くどい」についてから、詳細を説明してみましょう。

一般論として、加齢するごとに、経験を積めば積むほどに、「相手の気持ち」というものは想定できるようになるものです。しかし、それは同時に「オレの気持ち、ちゃんと伝わってるかな……？」という心配が増すことでもあります。しかも「しゃべりたがり」な人は、しゃべるだけで満足できるのではなく、しゃべって相手に理解され、「すごいですね～！」と返してもらって、初めて満足感を得ます。その「確認作業」がないと、つい似たような話をクドクド繰り返したくなる欲求に支配されてしまう。脳細胞は年齢と比例して確実に機能が低下していきますから、物忘れがひどくなるのはしかたありません。そんな「現実」をきちんと受け入れたうえで、僕はまず

「おじさんになったら、女性と同伴するときはお酒を控えめに」とアドバイスします。

酔っぱらうと、海馬の力が落ちてくる

すべての情報は、まず短期記憶として保存されます。その後、必要な情報だけが取捨選択されて長期記憶になります。いわゆる「覚える」とは、長期記憶に情報が蓄積された状態です。

そして情報の取捨選択を行っているのが、脳の側頭葉の内側にある「海馬」です。海馬に入ってきた短期記憶は、たとえば何度も同じような行動をすることで神経細胞同士のつながりが強くなり、長期的に記憶ができるようになります。これを長期増強（LTP）といいます。

ところがアルコールを飲むと、ステロイドが神経細胞でつくられ、長期増強が抑制されます。その結果、新しい記憶である飲み会での出来事を覚えられず、「忘れてしまう」のです。これは、2011年にワシントン大学医学部の和泉幸俊教授らが発表した研究であきらかになりました。

いっぽうで、すでに長期記憶となっている「自宅までの道順」などはしっかり残っているため、行った店の名前も会話の内容も覚えていないけど、なぜか家にはちゃんと帰り着いていた、ということが起こるのです。

ゴメスさんにかぎらず、よく居酒屋あたりで何度も同じことを言っているおじさんがいますよね。人のふり見て我がふり直せ！　すでにべろんべろん状態である会社の同僚とかならまだしも、女性相手ならたちまち嫌われてしまいます。女性の前で極度に緊張してしまうタイプの男性なら、少々アルコールの力を借りるのも手ですが、やはり飲みすぎはいけません。

結論

酔って同じ話を繰り返すと女性には確実に嫌われる

悩み
07
目を見て話せないとき、どこを見ればセクハラと言われないのか

人の目を見て話すことがとても苦手です。先日も、部下の女性社員とミーティングをしているとき、「○○サン、私の胸ばかり見ないでくださいよ〜。それってヘタすりゃセクハラですから!!」と、冗談とも本気とも取れる調子で注意されてしまいました。私はただ、相手の目が見続けられないから、視線を落としていただけなのですが……。

（47歳・既婚男性／生保会社勤務）

ゴメスのひとり言

私も今回の相談者と同じく「相手の目を見て話せない派」のひとりである。そして、その視線が行き着く場所は、これも相談者と同じく「おっぱい」で（※私にかぎっては、相手が胸元のルーズなファッションだった場合、確信犯的に凝視してしまっているケースも多々あるのだが）、そのあまりの露骨さに、胸部を両手のバッテン印で隠された経験も一度や二度ではない。おまけに、私はまつ毛が長くて、しかもそれが下方に傾いているラクダみたいなつくりをしているため、よりいっそう誤解（？）されやすいのだろう。そんな不毛な自己弁護に労力を費やしていても、時間の無駄でしかないのだが、いったいどうしたらいいものか皆目見当がつかないのである。

Dr.菅原の回答

モテないおじさん3原則：その2「目線が定まらない」

目線って、意外と年齢に関係してくるんですよ。人間は、目と目が合うと心理的に恐怖心を抱く生き物で、さらに「恐怖」という感覚は、「失敗の経験」から裏付けされる面もあるため、06の回答で述べた「心配」と同様、やはり加齢と比例して肥大していくものであります。だから、安心してください。「おじさんになればなるほど目線が定まらなくなる」のは、当たり前のことなんです。

加齢の習性とされる「泳ぐ目線」を防ぐには…？

では、その「当たり前の習性」を防ぐにはどうすればいいのか？　答えは簡単です。**相手の目からちょっとだけ目線を下にずらせばいい**。

とはいえ、今回の相談者のように、下へとずらしすぎると「おっぱいの谷間ばかり見ているエロオヤジ」と勘違いされてしまいます。もう少しだけ「目と胸の中間地点」に微調整してください。のどちんこ？　いや、女性にのどちんこはありませんので照準として合わせづらい。**正解は「鼻と口の周辺」です**。そのあたりに視線を集中させ、なるべく動かさないよう常に意識しましょう。そうすれば、なんとなく相手の目を見て話している風も演出できますし、おっぱいの谷間を覗き見していると勘違いされることもありません。
どうしても視線が揺れてしまいがちならば、座る位置を工夫しましょう。正面に座ると目線がぶつかってしまうので「なんかいやだな」と思うこともあるでしょう。正面に座るときは、少しでもいいので体をずらしてみる。さらには、テーブルであれば、できれば、**正面よりも相手の目線と90度の位置に座る。**これは、普通にクリニックの診察でも推奨される技術で、患者さんが緊張しないで話せる位置関係と言われています。目を本気で合わせるのは告白だとかプロポーズだとか、キメたい一瞬だけでかまわないんです。

結論

相手の目と胸の中間地点、鼻か口あたりを見て会話せよ!

悩み 08

「一夜の火遊び」に真剣になってはいけないのか

妻子がいますが、高校時代の同窓会で再会した女性と後日食事に行って、酔いのせいもあったのか、深い関係になってしまいました。それ以降、私はその女性のことを忘れることができません。私は、もし彼女と一緒になれるなら最悪、家庭を捨ててもかまわないとすら思っているのですが、あんなにあの夜は愛し合ったのに、彼女のほうは反応がイマイチで、私の誘いをやんわり避けているフシも見られます。こんな私は、やはり間違っているのでしょうか？　一夜かぎりの火遊びとしてあきらめたほうがいいのでしょうか？

（53歳・既婚男性／教師）

ゴメスのひとり言

不倫の道義的部分を云々する前に、私は相談者のあまりにひとりよがりな「おねだりっぷり」に「待った！」をかけたい。

私の知人である、「モテ男」の名を欲しいままとする某アパレル会社社長に「モテる秘訣は？」と質問したことがある。すると、彼からは「無償の愛です」との回答が瞬時に返ってきた。ＬＩＮＥのやりとりにしても、私がスマホデビューしたばかりのころは、意中の女性からのＬＩＮＥの文体や、文章量の長短、スタンプ・絵文字・ハートマーク・顔文字の比率、届くタイミングなどに一喜一憂していた。でも、（ようやく）去年あたりから、たとえ相手から「了解」「だねー」「うんうん」ほかの……いかにも手抜きな返信や、「ありがとう」とひと言で話が完結してしまう返信が丸１日後に来ても、あえて気にしないように努めるよう心がけてきた。気にしないように努め続けていると、本当にあまり気にならなくなってきた。ああ、こーいうヒトもいるよな……と。

男女問わず、こうして意中の彼女や彼からのＬＩＮＥの返信に、敏感な反応を示す傾向の強い人たちは、とどのつまりが「他人に期待しすぎ」なのではなかろうか。申すまでもなく、ＬＩＮＥとは「ビジュアル化された言葉のキャッチボール」であり、当然のこと相手がいなければ成立しない。そして、キャッチボールの相手には、球の速いヤツもいるし、山なりの球しか投げられないヤツもいるし、投げた球をすぐ後ろにそらすヤツもいるし、投げるごとに球をコネコネ持ち替えなかなか投げてこないヤツもいる。胸元にズバッとくるストライクを投げてくれるケースのほうが、むしろ稀だろう。せっかくオレが、アタシが精一杯の想いを込め、考えに考え抜いてLINEを送ったのに、返信は「きのうはどうもでした　またさそってね」だけかいっ！　そんな風に毒づきたくなる気持ちは十分に理解できる。しかし、いくら相手が自分にそれなりの好意を抱いていようとも、渾身のLOVE LINEに対し、同じ体裁と熱量のLINEを返してくれるとはかぎらない——それは相手の性格と生活環境で培われてきた、条件反射に近い〝癖〟のようなものゆえ、それを今さら「変えてくれ！」とせがむ、期待するのは、傲慢以外の何物でもないのである。もし「少々話が飛躍しすぎなのでは？」とお考えなら、もう救いようがない。相談者が抱く「相手へのエゴ」は、このLINEのたとえとまったく同質であることをわかってほしい。

Dr.菅原の回答

モテないおじさん3原則：その3「見返りを求めすぎ」

「間違っている」とまでは言いませんが、相手に対して見返りを求めすぎているきらいは指摘せざるを得ません。**「見返りを求めすぎ」**……コレこそがモテないおじさんの一番やっかいな「典型例」だと、僕は考えています。「若い男だって、求愛する相手にそれなりの見返りは求めるでしょ？」という反論はあるかもしれません。ただ、求めてはいても、その切迫感に大きな違いがあります。40代や50代の中高年世代は、恋愛したらどうしても「この人しかいない！」「この出会いを逃したら、死ぬまで次がない！」「今回がラストチャンス！」と、自分を追い込む「メンタルブロック」が働いてしまう。「次の試合はない」と勝手に思い込んでいます。

「もうおじさんだから」という、自己へのレッテル貼りは絶対に禁物。まだ若ければ、仮にフラれても「もっとオレに相応しい素敵な人がいるんじゃないか」と、自然にリセットできますから。こういった若者のポジティブマインドは、何歳になっても素直に見習うべきではないでしょうか。

「相手をどうにかしたい」と望むのは「洗脳」と同じ

恋に落ちたおじさん特有の切迫感を「火事場の馬鹿力」とみなす解釈もありますが、それって残念ながら、たいがいは空回りのかたちで終わってしまうのがオチ。火事場的なシチュエーションで湧いてきた腕力で女性を持ち帰ることができても、それは犯罪ですし。なので、**恋愛に関しては「無償の愛」を貫き通すのがなによりも大事です。**

人にやさしくすればするほど、やさしさは返ってきます。人はやさしさを受けると、そのやさしさに対してお返しをしなくてはならないと思いがちなのです。スーパーの試食品売り場で店員さんに勧められて食べてしまうと、なんだか悪いなと思ってつい買ってしまうあの心理状態です。これを**「反報性の原理」**といいます。

「全然、自分には返ってきません。やさしくすればするほどカモになってます」なんてことは言わないでください。「カモ」という言葉が出てくる時点で見返りを求めています。ほんの少しのさり気ない一言でも、やさしさが返ってきたら、その女性に感謝しましょう。

そもそも恋愛において「相手の気持ちをどうにかしたい」と望むこと自体が無茶なんですよ。見方を変えれば「相手を舐《な》めすぎ、相手に依存しすぎ」なんです。人間性の面からみてもおこがましい。だって、人のメンタルを操作するのは、極論すると「洗脳」と同じですから。相手に過度な期待を寄せず、とりあえずは「自分のやれることからきちんとやる」という姿勢を持ってみては？ それがイコール「見返りを求めない男」への第一歩。相手の出方ばかりを気にしていたら、ストレスもたまるいっぽうですしね。

結論

おじさんだからこそ「無償の愛」を貫き通せ！

悩み
09
なぜ何度も結婚するヤツがいるのか

私の会社の同僚に、バツ2でしかも年内には3回目の結婚が決まっているという男がいます。たしかに、その男はハンサムゆえ社内でも目立つ存在で、会話にもウイットがあって、女性社員の間でも人気者だったりします。しかし、いくらモテるからといって一度ならまだしも、二度も三度も結婚と離婚を繰り返す神経がどうしても理解できません。いったい、彼の頭のなかの構造はどうなっているんでしょうか？　私にも妻と子どもがいますし、家庭内でいろんな嫌なこともあるのに、懸命に我慢して結婚生活を持続しているのです。

（49歳・既婚男性／電機メーカー）

ゴメスのひとり言

皆さんは清水国明というタレントさんをご存じだろうか？　1950年生まれで今年69歳。「あのねのね」という名のコンビで、デビュー曲『赤とんぼの唄』が大ヒット。現在は歌手・作家・冒険家・実業家の肩書を持ち、アウトドア愛好家としても有名である。で、この清水サン、なんと！　2018年の3月に25歳年下の一般女性と4度目の結婚を果たし、第5子となる男児までもが誕生していたというのだ（※2人目の妻との間に3女、3人目の妻との間に1男をもうけている）。相談者の同僚のバツ2を上回るバツ3!!　そして、その清水サンがこんな名言を吐いている。

「趣味は結婚で、離婚が特技」

そう！　何度も何度も懲りずに結婚と離婚を繰り返す人は「結婚が趣味」、つまり彼女ら彼らは「異性が好き」というよりは、「結婚」というセレモニーが好きなのだ。「好きな異性＝恋人」ができるだけでは物足りない。その恋人と結婚を決め、親に挨拶に行ったり式場を決めたり指輪を買ったり新婚旅行のプランを立てたり新しい住居を探したり婚前妊活したり……の一連の行為による、独特の〝感極まっていく感〟が〝懲りる〟

という感情に、はるかに勝ってしまう。また、結婚をゴールとするその〝感極まり具合〟が、どれだけ甘美でかつ幻惑的な常習性を秘めているかを、複数バツの人たちは経験上から知ってしまっているのだろう。さらに見逃してほしくないのは、「結婚をゴールとする」のくだりにある「ゴール」の箇所。こういった〝結婚好き〟な人たちは、得てして〝結婚相手〟よりも〝結婚自体〟が好きなので、「結婚」というゴールに到達した時点で、伴侶を愛するエネルギーを使い果たしてしまう……。だから、またすぐに離婚しちゃうのではなかろうか。

ついでに、まもなく古稀に差しかかろうとする清水国明が、なぜ未だにこうもモテるのかについても少々考えてみたい。私は、彼が「アウトドア愛好家」であることが相当に大きなキーワードなのでは、と、にらんでいる。だって、サバイバル能力とか、半端なくありそうじゃないですか！　５人も子どもがいるって、いかにも生殖能力が高そうですしね。

Dr.菅原の回答

「自分は悪くない」と思う人は同じ失敗を繰り返す

なんなんですかね、何度も何度も懲りずに結婚と離婚を繰り返す人って。ファミコンのリセットボタンを押す感覚なのかなあ？　離婚は結婚以上に、とほうもないパワーを要します。やはり、常人よりもみなぎるエネルギーを秘めているということなのでしょう。普通なら相談者のように、別れたくてもぐっと堪えて「ちょっとでも相手の長所を見いだして現状維持に努めよう」とする心理作用が働きますから。

アウトドア好きな男性は、女性から見ると「サバイバル能力が高そう」「頼りになる」という点でモテる要素のひとつを持っているとは思いますが、何度も結婚と離婚を繰り返すということは対女性についても「アドベンチャー」意識が強いのかもしれません。言い過ぎかもしれませんが「釣った魚に餌をやらない」という狩人思考でしょうか。「安定」したパートナーを本能的に欲していない、ということも考えられます。

ただ、アウトドア思考の有無以前に、**「自分は悪くない！」と考えがちな人は、同**

じ失敗を繰り返します。自分が失敗しても人のせいにしたり、人に迷惑をかけたとしても相手が悪い、なんて考えることもあるでしょう。うまくいかなかったのは、タイミングのせい。環境のせい。決して自分は悪くないから、行動や習慣を変えようとしない。そしたら、必ず同じミスを繰り返します。問題点に向き合おうとせず、「次はうまくいく」という問題を先送りにしてしまうタイプの人は、どこかで大きなトラブルに巻き込まれるに違いありません。

変えられるものは、自分だけ。相手が変わるかどうか、それは誰にもわかりません。思考停止せずに自分を変えていきましょう。

結論

狩人エネルギーが強すぎるといくらモテても「安定」は手に入らない

Part 2

年の差は超えられるのか超えられないのか編

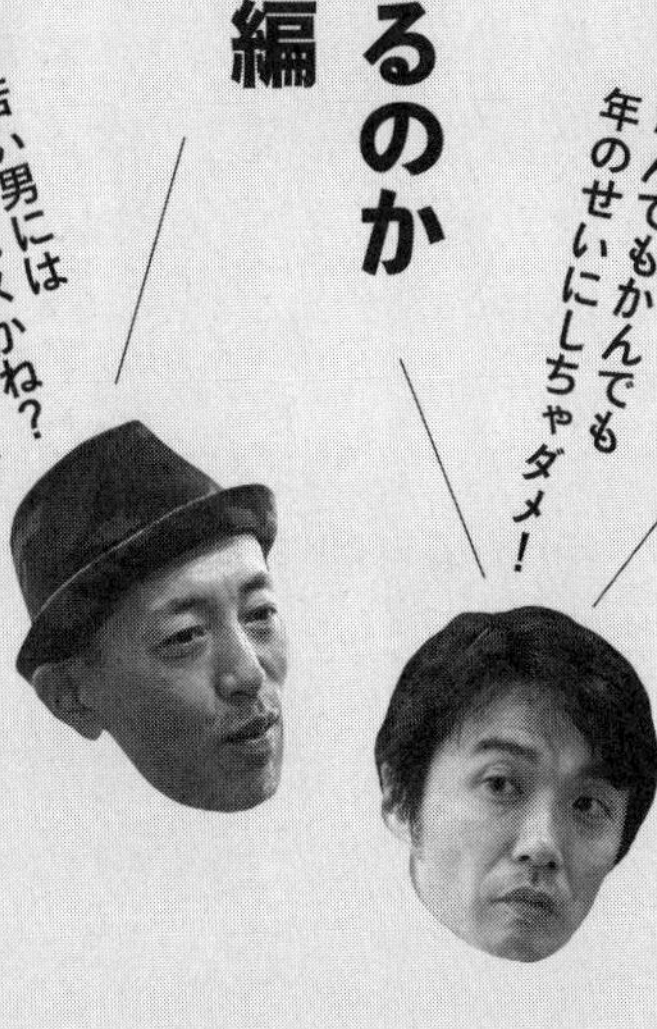
結局若い男にはかなわないんスかね？

悩み

10

結局おじさんは若いモノに勝てないのか

干支が一回り以上違う13歳年下の女性と交際していました。会話の世代間ギャップなどをむしろ楽しみながら、いい付き合いができていたと自分では思っていたのですが、ある日突然「新しい彼氏ができたの」と切り出され、あっさりフラれてしまいました。しかも、その〝新しい彼氏〟とは、彼女より年下の、24歳！　結局のところ、女性は動物の本能的な部分で若い男に惹かれてしまうものなんですか？

（40歳・独身男性／広告代理店勤務）

私も過去に15歳年下の彼女を、当時はまだぺーぺーだった20代の新人プロレスラーに横取りされたという苦い経験を持つ。

ゴメスのひとり言

「悩み03」の回答で、菅原先生は「ここまで複雑に進化した人類を、なんでもかんでも種族保存本能の一言で片づけるのはズルイ」とおっしゃった。だが、自分よりあきらかに顔面のつくりも知性も会話のウイットも美味しいお店の蓄積データ量も年収も劣っている、若さと体力だけが取り柄のチャラい年下男に、愛しのハニーを持っていかれてしまった日にゃあ、「人間の女性もしょせんは一動物。ゆえに、よりピチピチした若い精子を好むのはしょうがない」と、なんでもかんでも「種族保存本能」の一言で片づけたくもなるだろう。

「60歳70歳になっても輝いている男性はたくさんいる」とも菅原先生は語る。ならば「60歳70歳になっても輝いている男性」とは具体的に、どういう人を指すのか？　役所（広司）サンや市村（正親）サンや北大路（欣也）サンのような、単純に見てくれが優《すぐ》れた老ジェントルマンのことか？　それとも、まだちゃんと〝現役〟のままセックスしまくっている〝規格外〟な人のことか？　それとも、「老いる」ことによって、ずっと囚《とら》われ続けてきた〝性〟から遠ざかり、その代償として〝安楽〟を得た仙人みたいな人のことなのか？　そもそも「複雑に進化した人類社会では形骸化されつつある」という「種族保存本能」なる概念自体の定義とは、はたしてなんなのか……？　そこらへんをセンセイには、はっきりさせてもらいたい。

Dr.菅原の回答

「年齢のせい」にして嘆いても意味はない

諸説ありますが、どんな生物であれ、種族保存本能というものがあり、自分の遺伝子のコピーを将来にわたり残したいという願いが、その生物の行動の原動力となっているという考え方があります。そのため、男性・女性ともに、生殖適齢期の個体に惹かれ合うと考えるのが一般的です。「オレはもうおじさんだから、モテないのはしょうがない」と嘆き悲しむ人が、この種族保存本能を言い訳にして自分のトータル的な不甲斐なさを棚に上げて慰め合うケースは往々にしてありがちなのではないでしょうか。ただ、こういった本能だけで、女性は男性の魅力を判断しているわけではないのです。

日々の診察のなかで、60～70代でもED治療薬を希望する患者さんは少なくありません。失礼ながら「使う機会はあるのだろうか？」と思うこともありましたが、そういう方々は1回分だけではなく、複数回分の治療薬を持って帰ります。種族保存の適齢期から外れた年代のオジサマとED治療薬、必要になる場面がある人とない人の境界線はどこにあるのでしょうか？

ED治療薬を希望される方は、総じて皆さん明るいことに気づきます。男性ホルモンが多い人は薄毛になりやすいから「アタマが明るい」という意味ではなく、気持ちがとにかく明るい。もちろん髪の毛の量が少なめの方もいますが、そんな事実は関係なく、性格が明るいのです。この明るさというのは、お金のあるなし、仕事が成功したかしないか、ということではなく、自分の歩んできた道に誇りを持っているとも言い換えることができます。休みの日は家にいることなく、ゴルフや山登りに出かけたり、マリンスポーツに興じたり、皆さんとても活動的です。仕事以外の世界を持つことによって、コミュニティが広がり、人間的な魅力がどんどん増すのでしょう。「もう年だから」と自分を卑下せず、持ち前の明るさでそれを払拭して、悲しいことがあっても「オレは、ほら明るいからさ！」と頭をたたき、髪の毛の薄さも笑いに変えることができるメンタリティを兼ね備えています。この明るささえあれば、どんな過去があろうと関係ありません。人生ですから、うまくいったときも、うまくいかなかったことも、すべてが望んだことではなかったでしょう。しかし、持ち前の明るさがあれば、過去の出来事を違う側面から照らすことができ、失敗さえもポジティブに捉えることができます。「フラれた」とか「お金を損した」とか「無駄な買い物をしてしまった」というような一般的には「失敗」とみなされてしまうようなことでも、明るく考え、失敗によって「うまくいかない方法を見つけた」と言い換えることができます。そんなポジティブな人生の捉え方ができれば、人間的な魅力が増していくことになります。

私たちは、生きている限り、必ず年齢を重ねていきます。「もう、年だから」と嘆き、自分の不甲斐なさを年齢だけのせいにするのではなく、「思考」の差だと自覚することによって、マインドも「モテる」のベクトルへと変化していくことでしょう。

「生殖能力が高そうな丈夫で若い男性が基本はモテる＝見た目で生殖能力が劣っているおじさんには女性が寄ってこない」という側面は、残念ながら否定できません。しかし、**それを「前提」として開き直ることによって、また違う道で〝くつがえす〟ことは十分可能なのです。**

結論

どんな失敗ですら、明るく考えるマインドを！

悩み

11

「枯れセン」の女性はどこに生息しているのか

最低ラインでも50歳以上のおじ(い)さんにしか興味を示さない「枯れセン」なる女性が一定数実在すると、よく耳にします。でも、私はそういう女性と出会ったことが一度もありません。いったい、どこに行けば出会えるのでしょうか? あと、「枯れセン女性の見分け方」みたいなものがもしあるのなら、教えてください。去年、定年退職を迎えましたが、2人の息子はすでに就職しており、持ち家のローンも払い終えているので、相手をデートや旅行に連れていくくらいの蓄えはあります。(61歳・既婚男性/無職)

「どこに行けば（枯れセンの女性に）出会えるのでしょうか？」って聞かれても、そんなの私のほうが教えてもらいたいですよ。

ゴメスのひとり言

ただ「見分け方」と言うか「枯れセンの女性にありがちな傾向」ってやつは、すでに研究しつくし私なりの定則を導き出しているので、その分析結果をヒントに、ある程度の生息地域を推測していただければ幸いである。

まず、ゴメスの見立てによると、枯れセンの女性は水商売や風俗の経験者に多い。仕事柄、一般の女性と比べ、何十何百倍もの年輩男性と接し続けてきたから、とにかく〝年の差〟への耐性が強い。しかも、そこでの〝接客〟はあくまで対等かつフランクな関係ゆえ、「年輩の男性と真剣なお付き合いしていたり結婚をしている自分」をシミュレートするイメージ力にも長《た》けている。なので、年輩の魅力を見いだす目が、おのずと鍛えられているのだ。あと、誤解を恐れず断言してしまえば「家庭環境になんらかの問題があって、両親が離婚し現在は母方に付いている女性」、もしくは意外にそれと正反対のパターンで「父親のあふれんばかりの愛情を受け、たっぷり甘やかされながら育てられてきた世間知らずのお嬢さん」は枯れセンに走る可能性が高い。

前者はおじ(い)さんに〝理想の父親〟を見いだし、後者は自分の父親を〝理想の彼氏〟とみなし、いずれにしろ、両者の根底にあるのは「尋常じゃないファザコン」であって、同世代の男性には鼻も引っ掛けなくなってしまう……。

さて。そういった枯れセンの女性とは「どこに行けば出会えるのか?」という問いに「銀座のクラブやキャバクラやデリヘルに行くのが一番手っ取り早い」と答えてしまえばそれまでだが、彼女らの深層に潜むファザコンへの傾倒心理を、彼女らの主戦場で引き出すのは至難のワザで、散財の挙げ句フェイドアウトされるのがオチ。あまり得策だとは思えない。

せめて、ひとつの「希望」として、こうした女性の悩み相談があったことも紹介しておきたい。悩んでいるのは24歳の銀行員である。

「私はどうしても同世代の男性に魅力を感じることができません。いつも父親の年齢に近い男性ばかりを好きになってしまいます。最近も、頑張って2歳年上の男性と社内恋愛してみたのですが、彼の頭のなかはセックスオンリーで、すぐがっついてくるため、つい子ども扱いしてしまい、結局長続きしませんでした。こんな私は異常なのでしょうか？ ちなみに、好きな男性タレントは水谷豊さんと渡部篤郎さんです」

ほら、ちゃんといるんです！ 世のおじ(い)さんたちよ!! このような枯れセンの女性は間違いなく存在するという事実のみを糧として、今これからの日々における恋活の励みとしようではないか。

Dr.菅原の回答

「待ち人タイプ」の女性は年上に惹かれやすい

私が学生だったころは、「男性が女性よりも2〜3歳上くらいのカップル」が多かった印象ですが、今は、女性のほうが年上であったり、年の差が大きいカップルも増えてきました。現代社会は多様性の時代とも呼ばれ、さまざまな価値観を持つことが不自然ではなくなりました。私がその年代に入っているからかもしれませんが、40代以降の男性と20〜30代の女性とのカップルが増えているような印象もあります。

それにしても、最近の女性はなぜ種族保存本能を無視して、年上にハマる人が多いのでしょうか？　男性・女性にかぎらず、恋愛に対する姿勢は、恋愛に積極的な「狩人タイプ」と恋愛に消極的な「待ち人タイプ」の2つに分けることができます。

とくに最近の傾向として待ち人タイプが増えています。なぜなら、私たちの脳は失敗を避けるように考える傾向があり「損失回避」と呼ばれる思考の癖があります。なので、恋愛においても失敗したくない、すなわち冒険はしたくないと考える傾向があるのです。自分が好きな人よりも「好きだ！」と言ってくれる人に魅力を感じるのも、フラれるという損失をできるかぎり回避したいからなのかもしれません。こんな思考の癖は、社会システムが複雑になるほど、顕著に表れるものであり、だから、玉砕覚悟でハントする気概のある人よりも、じっと待つタイプが増えているのでしょう。そのため、フレッシュなライバルの多い男性よりも、**安定感のある少し人生経験な豊富の男性に「待ち人タイプ」の女性は魅力を感じるのです。**すなわち40代以降の男性に出番が回ってくるのです。仕事の悩み、友人関係の悩み、男女間の悩み、様々な悩みを大人の貫禄で癒やすことができるのはあなただけです。先輩・上司の関係が、恋愛対象に変わることも珍しくありません。

しかし、注意しなくてはならないことがあります。それは、待ち人タイプは総じてプライドが高い傾向があります。狩人タイプはフラれてもおかまいなしというメンタリティがベースにありますから、じつはプライドが低い人が多いのです。逆に、待ち人タイプはフラれる自分を認めたくない、許せないという感情が深層心理で渦巻いていることがあります。そのため、**待ち人タイプにアプローチする際は、相手のプライドを尊重しながら話を聞いてあげるテクニックが必要になります。**

たとえば、「会社でこんな問題があるの」と相談されたときは、決して解決策を提示してはいけません。自分は年上なのだから相手の悩み事を解決してあげなくては、と気負うのではなく、その問題に対して「うわ、大変だねえ」と共感してあげたり、「そんな問題に気づくなんてさすがだね」と認めてあげることが大切です。

結論

「待ち人タイプ」の女性は安定感のある年上に惹かれやすい

悩み

12

LINEの反応がイマイチなのはなぜか

仕事柄、若い女性と飲みに行く機会は多いのですが、そのなかから意気投合した子をLINEで食事に誘ってみても、毎回リアクションがイマイチです。私になにか問題があるのでしょうか？　ちなみに私は妻子がいて、容姿や服装のセンスも決して悪いほうではないし、とくに不倫がしたいだとか愛人が欲しいだとか、大それたことも考えておりません。ただ、たまには独身気分に戻ってデートっぽいことがしたいだけなんです。

（46歳・既婚男性／アパレル業）

まあ、「問題がある」としたら十中八九、相談者が女子とやりとりする際のLINEの文面でしょうな。あなたは、ひと昔前に女子高生の間で流行ったという「おじさんLINEごっこ」ってヤツをご存じだろうか？　女子高生同士が「おじさん」の口調でLINEのやりとりをするのである。

ゴメスのひとり言

今さらではあるけど、この女子高生による「ナンチャッテおじさんLINE」が、じつに良くできているのだ。いかにもオヤジがヤラかしそうな表現のオンパレード！　まだ未成年のくせに、彼女たちはいったいどこから〝リアルなおじさん情報〟を収集しているのか!?　小遣い稼ぎ目的のアングラなJKビジネスとか……？　話がそれてしまった。で、そこから抽出された「おじさんLINE」の特徴を、ザッとまとめてみよう。

①やたら句読点が多い
②顔文字・絵文字を乱用
③スタンプも多用
④若い女子を「ちゃん付け」で呼ぶ

⑤語尾が「〜かい？」「〜かな？」で終わりがち（＝なぜかお伺いを立てる系）
⑥文章が総じて長い
⑦自分のことを「おじさん」と呼ぶ
⑧相手の私生活を探るような質問がさり気なくまぶされている
⑨すぐ「ディナー」に誘う
⑩ときにストレートすぎる告白
⑪妙にカタカナを使い分ける
⑫「？」「！」マークが赤色
⑬若者のトレンドに中途半端に迎合

いかがだろう？

ここで恥ずかしながら、私がスマホデビューしたばかりのころ、キャバ嬢に送ったＬＩＮＥを披露しよう。

悲しいかな、ほぼ全部該当しちゃっている。①②⑥⑩⑪はまさにドンピシャ！　③④

⑨⑫⑬あたりもけっこう怪しい。
13打席の10安打。打率にして7割6分9厘‼　メジャーに行っても大谷クラスの大活躍である。

こうしてしこしこと必死に打ったLOVEメールのデート日指定やハートマークは、すんなりシカト——そんな幾多の失敗から学び、ようやくたどり着いたのが「LINEやまびこの法則」だ。

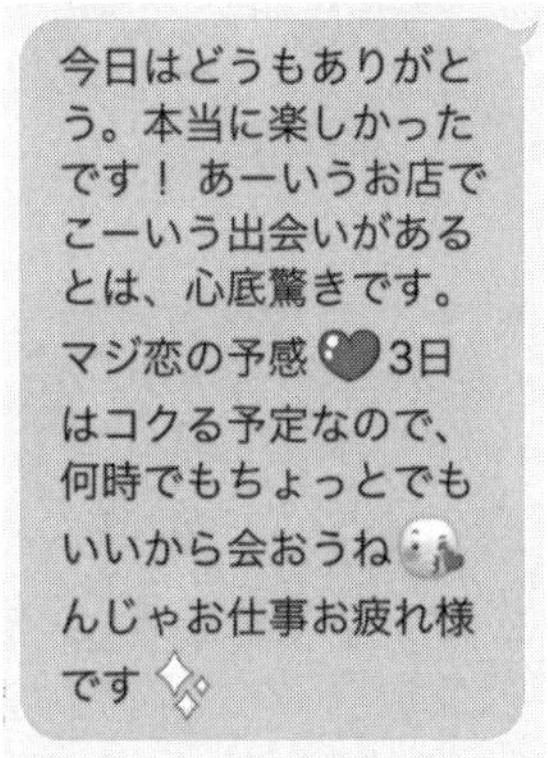
今日はどうもありがとう。本当に楽しかったです！ あーいうお店でこーいう出会いがあるとは、心底驚きです。マジ恋の予感3日はコクる予定なので、何時でもちょっとでもいいから会おうね
んじゃお仕事お疲れ様です

「相手のLINEの文字分量や絵文字・顔文字・スタンプの数に自分のLINEを合わせろ」という定則である。

1行のLINEには1行のLINEを、10行には10行を、100行には100行を、ハートマーク1個にはハートマーク1個を……。いくら女子高生をはじめとする若い女性全般が、スタンプや絵文字&顔文字や長文や赤色の「?」「!」マークを嫌う傾向があるとは言っても、文中や文尾にさまざまな装飾を凝らし、句読点もデリケートに挿入しながら壮大な1本の〝原稿〟に仕立て上げたいという〝例外〟だって、稀少ながら実

在することを忘れてはならない。

Dr.菅原の回答

文字で想いを100%相手に伝えるのは至難のワザ

僕は正直LINEが苦手で、どうしても事務連絡っぽくなってしまうんです。ただ、それは結果として悪くないのかもしれません。カラフルで長いおじさんLINEが、今どきの若い女性に敬遠されやすいのは間違いないですから。

32ページでも述べたとおり、おじさんならではのミステリアスを演じるには「すべてを説明しきらない」ことが重要。そりゃあ、もう大人ですから句読点は正確に打ちたいし、起承転結は疎かにしたくないし、ときには敬語も混ぜて礼儀正しい一面もある男を演じたいし、文面もビジュアル映えさせたいし……そんなこんなを考えていたら、LINEのフキダシの幅が下手すりゃ10㎝ぐらいにもなっちゃいますよね。対して若い子たちのLINEはシンプルで、余計な要素はことごとく排除されている。

どんなに作文力に自信があっても、プロの文筆家であっても「文字で自分の思いを100%相手に伝えるのは困難」と最初から割り切るべきだと僕は思います。

おじさんは言い訳したいからＬＩＮＥ文章も長くなる

「ありがとう」だとか「ごめんね」という感情の表現自体を削るのではなく、「きのうはこれこれこうだったからありがとう」の「これこれこう」をバッサリ削っちゃえばいい。**おじさんが「これこれこう」に、つい執着してしまうのは「言い訳したいから」**。単にそれだけです。ヘンに経験がある分、「自分が正論を言っている」と、アノ手コノ手を使ってついつい証明したくなる。でも、重要なのは相手がその文面を見てどう感じるか。あなたの「証明」を相手が「なげ〜」「色が多くて読みづれ〜」と思ったら、そこでおしまいなわけです。

まずはひとつの吹き出しを3行、いや2行で終わらせる「訓練」をしてみてください。返事がないのに「2行の連打」はダメですよ。

以前ゴメスさんが、コラムで「原稿は長くするより短くするほうがむずかしい」と書いていましたが、まさにそれは正解で、ギリギリまでシェイプされつくされた短文は、だらだらと文字数を使った長文を書くより、数倍のセンスとインテリジェンスを求められるのです。

不安を感じやすい人は、じつは遺伝子で決まっているという説もあり、とくに日本人には多いといいます。その遺伝子の名前は「セロトニントランスポーター遺伝子」。不安感を取り除いてくれるセロトニンという神経伝達物質の量を調整している遺伝子です。SS型・SL型・LL型の3パターンに分かれ、SS型の人はSL型・LL型よりも不安を感じやすい傾向にあることがわかっています。とくにアジア人はSS型が多いといわれており、不安を感じやすい人が多く、言い訳がましい文章を書いてしまうのかもしれません。それを意識するだけでも、あなたの文章はシンプルになるはずです。

結論

LINEの文章は、ひとつの吹き出しを2〜3行で!

悩み 13

合コンの「抜けがけ」はいけないことか

3日前、合コンに参加したとき、男女全員でグループLINEを作成しました。じつは、女性陣のなかにタイプの子がひとりいたんですけど、グループ同士の馴《な》れ合い風な会話からちっとも発展しません。かといって、彼女個人にLINEを送るのもなんとなく抜けがけしているようで、気まずいし……。

（41歳・未婚男性／旅行会社勤務）

ゴメスのひとり言

「なに生ぬるいこと言っちょるんだ」と私は叱咤したい。「抜けがけしているようで気まずい」のは男子に対してか？　女子に対してか？　もし前者なら「男同士の友情」と「タイプの女子」どっちが大切なのか、よく考えてみてほしい。「タイプの女子」に決まっているではないか。もし後者なら「タイプの女子」以外の、しかもまだ初対面のタイプじゃない女子たちになんて、嫌われたってかまわないではないか。そもそも「合コン」というのは、ライバルや自分の恋路を邪魔する者を蹴落としたり出し抜いたりの権謀術数が渦巻く、本来なら差別性が浮き彫りになる会合なのである。参加するからには、そこを覚悟して参加すべきなのだ。あるいは男同士のチームワークを事前MTや反省会でより堅固なものとし、たとえば、グループLINEで他の男子メンバーに、あなたがタイプな子とのデートが実現するよう姑息なフォローを入れてもらうとか……。ダメですか、菅原センセイ？

Dr.菅原の回答

合コンのグループLINEには「ウィンザー効果」を取り入れろ！

グループLINEで他の男性メンバーに、タイプな女性とのデートが実現するようフォローを入れてもらう、というのは、じつに素晴らしいアイデアだと思います。「直接本人から伝えるよりも、第三者を介して伝えたほうが、より影響力や信ぴょう性が増す」という人間の習性を利用した、理にかなった作戦であり、これを心理学用語では**「ウィンザー効果」**と呼びます。

77ページで書いた「これこれこうだったからありがとう」の「これこれこう」の部分を、別の男性たちに代弁してもらうわけです。たとえば、主役のAさんが「今日は○○さんたちと出会えて嬉しかったです」（※ちなみに、初対面の女性に初めてのLINEを送るときは「～ちゃん」より「～さん」のほうが馴れ馴れしくもなく好印象だと僕は思います）と、さり気ないピンポイント・スタートを切れば、すかさず脇役に回ったBさんとCさんが「Aさん、帰り道○○ちゃんのことよく気のつく素敵な女性だったねと言っていた」だとか「Aさんは仕事もプライベートも紳士的だ」……と、すかさずアシストを入れる。「単独で落とせないときはチームプレイで！」の発想ですね。ただし、男性同士の阿吽《あうん》の呼吸がぴったり合っていないと使えない、なかなかに難易度の高いワザかもしれませんが効果は抜群。

人は面と向かって褒められると気恥ずかしい感じがして拒絶してしまうこともありますが、第三者からの褒められた意見は素直に聞けるものです。

あと、「タイプな女性」が他の男性メンバーとかぶってしまった場合は、この「ウィンザー効果」を逆利用し、さり気ないあなたの悪口をグループLINEにちりばめてくる輩も出てくるので、入念な打ち合わせを重ね、メンバー内の利害のコンセンサスを十分に得てからの遂行をおすすめします！

結論

単独で落とせないときはチームプレイで！

悩み 14

スーツの男性のほうがモテる気がするのはなぜか

とくに職場ではスーツ着用を義務づけられていないため、仕事でもプライベートでも、おおよそラフな恰好をしています。

しかし、先日行った、最近「ナンパスポット」として有名な某所では、スーツ姿の男性のほうが断然モテていた気がしてなりません。僕が着ているジャンパーやデニムやスニーカーは、じつは下手なスーツなんかよりずっと高級なブランドモノだったりするんですけど……。

（41歳・独身男性／男性ファッション誌編集）

ゴメスのひとり言

私も今回の相談者同様、紛《まご》うことなき、公私にわたって「スーツ着用を義務づけされていない人間」のひとりだ。

けっこう大手でしっかりとしたクライアントのもとへ、たとえば日本でシェアの1位2位を争う広告代理店や、いかにもおカタそうなメーカーさんや省庁などに出向く際ですら、普通に夏ならTシャツ、冬ならトレーナー……と、だいたいがそんな装いだったりする。「チンピラみたいな外見なのに、会話になれば無茶苦茶礼儀正しくて、物腰も柔らか」といったギャップを演出し、相手によりいっそう強烈なインパクトを植えつける、私なりの営業手段、戦略である。

あと、私がたまーにスーツを着たら……それがどんなに大人しめのシックなデザインでも、渋谷のセンター街あたりで徘徊している怪しげなスカウトマンにしか見えないのだ。つまり、「礼儀正しさや物腰の柔らかさが、逆に怪しさを増幅させてしまう」がゆえ、私は普段、極力「ラフに見える清潔な恰好」を心がけているわけだが（※ただし、近所の喫茶室ルノアールやドトールへ原稿を書きに行くときは、公園に住んでいるヒトと判別がつかない場合もある）、結局のところ「いくらブランドモノで全身武装しても、スーツ姿の男性にはかなわない」のは、やはり今回の相談者同様、街に出るごとにヒシヒシと実感もしている。

これって、「男の制服好き」と同じような心理なんだろうか？　個人的趣味を言わせてもらえば、ＯＬだとかＪＫだとかＣＡだとかの、いわゆる男人気が高い制服やコスプレにはまったく興味がないのだが。制服なんかより、ボディコンや水着のほうが全然萌《も》えてしまう私は、はたして少数派なのか？

そろそろ話がズレはじめてきているので、ここからはセンセイ、なんとか収拾をつけてください。

Dr.菅原の回答

スーツは、現代人の脳では「経済力の指標」

人間が1日でする判断の回数は、本当に途方もない数字で、制服と同様、スーツは「判断する材料」を減らす役割を果たします。すなわち、着る側からすれば「仕事に集中する」という意味で、じつに理にかなってくるわけです。ああ、今日はなにを着ようか、相手が女性だからこのほうがいいか、目上の人だからこのほうがいいか、などという判断が格段に減る。

「スーツ姿を見る側」である女性にも同じ作用が働きます。スーツ＝「ちゃんとしている」「真面目」といった判断を下しやすくなる。とくに日本人は「お父さんが着ていた」とか「フォーマルなパーティはスーツ姿で」などの経験則が脳内に刷り込まれていますし、しかもスーツは、現代人の脳では一種の「経済力の指標」のようなものになっているため、「スーツ＝お金持ち」という印象を他人に植えつけやすい。ゴメスさんみたいに得体の知れないファッションの人を「真面目」だと判断するまでには、かなりのコミュニケーションを要しますからね。

そういう理由で、スーツ姿は女性人気が高いのではないかと思います。**人間が五感で得る情報は「視覚が50％」**と一番多いので、とくにファッションによる印象効果はてきめんなのです。

体型を隠すためのダボダボスーツはNG

スーツで自分の個性を出すには、なるべく体にフィットしたスーツを選ぶことと言われています。サイズ感を合わせるのは当然ですが、それ以上に大事なことは適度な筋肉をつくって、自分のシルエットをきちんと出すことがポイントになります。

お腹がメタボ気味でも、それがあなたの個性。知人のアパレル関係者は「スーツ姿を男らしく見せるコツは、腹筋を割るより背中をつくること」と言っていましたが、たしかにそれは名言です。腹筋運動もいいトレーニングのひとつですが、私がおすすめしたいのは懸垂。背中と肩まわりの効率のよいトレーニング。近くの公園にある鉄棒で懸垂ができれば最高です。

仮に、給料が少なくて安いスーツしか買えないとしても「時計だけはそれなりの高級品を着けるべき」と、とある有名なホテル評論家がおっしゃっていました。

一流のホテルマンは来客の時計で、言葉は悪いけれど「品定め」をするのだそうです。こういった**「一点豪華主義」**も、外見で女性に好印象を与えるための、さり気ないテクニックだったりします。
たとえば、10万円でお洒落をするなら、アウター・パンツ・靴を「4万円・3万円・3万円」に分けるのではなく、ひとつのアイテムに10万円全部を突っ込むほうがベター。ひとつの高価なアイテムが目に付くと、それに他のアイテムも引っ張られる習性が人間にはあるからです。これを「アンカリング」と呼びます。「錨《いかり》を打つ」という意味の「アンカー」で、逆の表現をすれば「あらかじめ1000円とバラしてしまったものは1000円にしか見えない」という心理現象のことです。人があからさまなブランドネーム、もしくはロゴが入っている洋服やバッグを好むのは、そのせいかもしれません。僕は絶対に嫌ですけど。

結論

スーツのコーデにお金と労力をかけられないなら なにか一点に全貯金のすべてを突っ込め!

Part 3

水商売のおねえさんに関する疑問編

ホステスさんを口説き落とした話って…

それ90%の確率でホラです！

悩み
15
キャバクラで「本気」になったおじさんはアホなのか

1カ月前、お得意さまの接待で行ったキャバクラで知り合った24歳の女性に一目惚れしてしまいました。彼女は昼の仕事をやめて、現在週6日そのお店で働いているらしく、北海道出身の一人暮らしで、彼氏いない歴は3カ月とのこと。以降、5度ほどひとりで通い詰めて、先日ようやく同伴の約束を取り付けたのですが、アフターや休日の店外デートは、いつも「その日はちょっと……」と、やんわりかわされてしまいます。やっぱり僕は〝都合の良い客〟としかみなされていないのでしょうか？

（43歳・既婚男性／不動産会社営業）

ゴメスのひとり言

私は、キャバクラってとこには滅多に行かない。理由は簡単で、「オイシイ思い」をした経験がほとんどないからだ。次から次へと「アタシもドリンクいいですかぁ?」と、半強制的にカシス系の弱いお酒を注文され、調子こいて15分とか30分とかチビチビ延長延長していたら、いつの間にかお会計が2万にも3万にもなっていて……。そりゃあ、その対価としてLINE交換くらいはできる。でも、いくらラブラブなメッセージを送っても返ってくるのは、いたずらにハートマークだけが多い、私の名前以外は他の客にも送るサンプルメールをコピペした風の文面ばかり。……いやいやかたじけない、愚痴っぽくなってしまった。

とにかく! キャバクラには〝今後への発展性〟がカケラも見えてこない。同じ金額を突っ込むなら、デリヘル嬢を呼んで個室状態の自分の部屋かラブホでイチャイチャとボディタッチをしながら口説くほうが数段コスパも高い——というのがゴメスの持論だと申し伝えておこう。最悪、トークが不調に終わっても、風俗ならばきちんと〝保険〟があるわけですし。

で、今日の相談者のケースは、ハッキリ言ってしまえば、典型的な「カモ」でしかありません。なんせ、〝敵〟は「週6」お店に入っている筋金入りのキャバ嬢ですから。彼女にとっては、同伴してからお店に直行パターンがベスト。アフターや店外デートは極力避けつつ、休日は心身を癒やすため、爆睡したり、部屋の掃除やたまった洗濯をしたり、スーパー銭湯に行ったり、ペットとじゃれ合ったり、本命彼氏とＤＶＤ鑑賞したいだけ……なのが見え見え。たとえるなら、年に数度しかグラウンドに立たない草野球オヤジが、無謀にも毎日基礎練をこなしている高校球児に試合を挑んでいるようなものである。

それにしても、他人事として端から聞いているとここまで状況が劣勢にもかかわらず、なぜおっさんは、懲りずにすぐおミズのおねえさんにガチ恋してしまうのだろう？　教えて！　菅原センセイ!!

Dr.菅原の回答

すべてのおじさんは原則として「教えたがり」

とてもいい質問です。人間とは、結局のところ永遠に「マウンティング」の繰り返し——動物的な本能として、生き残るためには「Aさんよりも自分は優秀で〜」みたいな考え方をせざるを得ない。しかも、おじさん方は〝経験による裏付け〟があり、(普通に生きていれば) 社会的評価や立場もそれなりに固まってきているため、マウンティングのテクニックにも長けています。しかし、こと恋愛にかぎれば、そういうおじさんでも百選錬磨な女性相手だとフルぼっこ(笑)にされる可能性だってあるわけで……相手を自分主導でコントロールできなくなってしまう。ゆえに、原則として**「教えたがり」である年輩男性の皆さんは、「え〜、すごーい!」の一声が聞きたくて、一見言いくるめやすそうな若い女性になびきがち**なのかもしれません。

社会学者でキャバクラ嬢とAV嬢をやっていたこともある鈴木涼美さんも、なにかの対談でこう語っていました。**「すごーい!」**はキャバ嬢が一番よく使う言葉で、なんだかんだ言って、男性が一番喜ぶ言葉でもある……と。もっとも代表的な「男性によるマウンティング」を受け流すテッパンのリアクション、記号だということです。そして、それを若いみそらで、いっそうナチュラルかつ計算ずくのタイミングで有効利用できるのが彼女たち、おミズのおねえさんなのではないでしょうか。

水商売の女性は店内だと「メタ認知」がフル回転する

僕が思うに、水商売の女性っていうのは**「ドラクエのラスボス」**のような存在で最強なんです。ひのきの棒で向かっていっても瞬殺ですよ（笑）。いわば「人との付き合いのプロフェッショナル」。我々が思い描く稚拙な下心なんて、ものの見事に予測されてしまいます。〝人生経験の長さ〟で比べれば、若いおミズのおねえさんより、下手すりゃあ彼女たちの倍以上長く生きている我々おじさんのほうに分があるのでは……と、反論したくなる気持ちもわかります。ただ、彼女たちはそれこそ毎日「疑似恋愛」を繰り返しているわけですよね？　対して、我々〝素人〟は一生で恋愛できる機会なんて数えきれるほどしかない。踏んでいる場数が1桁も2桁も違うんです。

おミズのおねえさんは、お店だとあくまで〝仕事〟として男性と向き合っています。極論で言えば、〝対象〟が「人」ではなく「物」に近いため、自分の思考や行動・性格などを別の立場から見る「メタ認知」がフル活動するので、「どう対応したらこう来るだろうな」という〝ゲームの流れ〟を俯瞰《ふかん》で眺めることができる。反して、我々男性は、こういう認知心理学の基礎パターンのなかで弄《もてあそ》ばれつつ心を掻き乱され、「この子しかいない！」とハマっていくわけです。まさに、赤子の手をひねるようなもの。**「勝てない勝負はするな」**ということです。

結論

ラスボスにひのきの棒で立ち向かっても瞬殺される！

悩み

16

水商売の女性を口説く必殺技はあるか

男同士の飲みの席とかで「ホステスさんやキャバ嬢と最後までイケた」なんて武勇伝を時たま耳にします。僕はわりとひんぱんにオネエチャン系のお店に足を運ぶのですが、エッチにまで到ったことなど一度もありません。そんな夢みたいな話、僕の知らない世界では本当にあるんですか？　おふたりは水商売の女性を口説くとき、どんな口説き文句を使うんですか？

（41歳・未婚男性／IT業）

ゴメスのひとり言

相談者は「武勇伝を時たま耳にします」なんてことをおっしゃっているが、まずは安心してほしい。それ、たぶん90％以上の確率でホラですから。「キャバ嬢とエッチできたらうれしいな……」といった願望と妄想からデッチあげられた、もしくは又聞きしてきた〝オレおとぎ話〟にしかすぎませんから。そう簡単に事が進むはずないじゃないですか！　ここまでキャバクラやガールズバーがポピュラー化してしまったら「客のかわし方」だって、彼女らの間で完璧にマニュアライズされ、口コミやネットで伝わってますから。

とにかく、おミズのおねえさんとは「お店で出会った時点で、すでにアウト」なのだ。相手のホームグラウンドで戦ってはいけないのだ。アウェーの場で、敵の気がフッと抜けているときにメキシカンボクサーよろしく、あり得ない方向からパンチを浴びせるしか攻略法はないのだ。おミズのおねえさんって、総じてプライベートじゃ出不精だったりするので、案外アウェー慣れしていないのである。したがって最良の作戦は「お店で仲よくなった子に合コンを主催してもらうこと」だと私は考える。出不精ゆえ、やすやすとは実現しないのだけれど（堂々巡り）。

Dr.菅原の回答

「バーナム効果」を小出しに利用しよう！

先にも申したとおり、百選錬磨である水商売の女性を〝完落ち〟まで持っていくのは並大抵のことじゃありません。銀座あたりで働くベテランのホステスさんは、「これだ！」と狙いをつけた男性には、初めの1回だけはすんなりと体を許し、2回目をジラすことによって、射幸心と他の客の嫉妬心を煽《あお》る……と、とある友人から教えてもらった覚えがありますが、そんなハイレベルなテクニックで迫られでもしたら最後、あなたはもう尻の毛まで毟《むし》り取られてしまうでしょう。繰り返しますが「勝てない勝負はすべきではない」のです。ただ、そういう場で人気者になって楽しくお酒が飲める方法なら、ひとつ提案ができます。もちろん、おミズのおねえさんだけではなく一般女性にも有効なので、合コンなどでもぜひ実践してみてください。

とりあえずは「相手の心に100％刻まれる爪痕を残す」こと。もし、あなたが20代のキャバクラ嬢や合コン相手と仲良くなりたい場合、「年の功」というバックボーンは一応有していているので、それを極力活かして「占い師っぽいこと」をやればいいんです。具体的には、女性の悩みを聞いて、誰にでも当てはまるような答えを言ってあげる。たとえば、「あなたは気丈に振る舞っているけど、本当はやさしい人ですよね」みたいな感じで。そうすれば「この人は私のことを理解してくれるかも」「私のことをちゃんと見てくれている」と、相手の意識も変わってきます。この「誰にでも該当するような曖昧で最大公約数的な性格を表わす記述を、自分だけに該当する性格だと捉えてしまう心理学現象」を**「バーナム効果」**と呼びます。

ちなみにゴメスさんは、おっとりしたしゃべり口調で周囲からは「マイペース」とか「天然」というレッテルを貼られがちな女性に、「キミってせっかちだしね…」と、いう当たり前のようにさらっと語りかけると「そんな風に言われたの初めて……」と、いきなり形勢が逆転するんですよ～なんて風な自慢をしておりました（笑）。じつに素晴らしい駆け引きですね。こうやって自分を他の男性と差別化できれば、しめたもの。**なにを言えばいいのか迷った際は、見た目や第一印象と正反対のことを言う**。人間は必ず〝相反する二面性〟を持っています。几帳面な部分もあれば大雑把な部分もあるし、明るいときもあれば暗いときもある。だから、ハズすことは絶対にありません。「ハズすことがない」なら、多くの人たちが彼女に抱くイメージの逆を攻めたほうが、深い爪痕を残すことができる。

さらに、「逆からの攻撃」の継続によって、ひとつでも多くの情報を引き出していって、相手の悩みの本質へとたどり着くことができればベストです。そして、この「バーナム効果」をもっと複雑かつ巧妙に使いこなすのが「占い師」という職業なのです。

結論

見た目や第一印象とは真逆の形容をぶつけて〝敵〟を揺さぶるべし！

悩み17 正しい下ネタとはどういうものか

お酒が入ってしまうと、つい下ネタに走ってしまいがちです。でも、近ごろの若い女子たちには、軽いエッチな話でも、すぐ引かれちゃって……。ウケる下ネタのコツってあるのでしょうか？

（41歳・既婚男性／自動車販売）

「とにかく下ネタを振られると、どんなにオシャレでイケメンで一流会社に勤めていても、一気に冷める」という女性は少なくない。そして、これは海千山千な水商売の女性でも決して例外ではない、普遍の原則である。

ゴメスのひとり言

恋愛情報サイト『オトメスゴレン』が、「女性に下ネタを披露する男性の本音9パターン」なる、男性側からすればなかなかに痛い部分を突かれるコラムを配信していた。とくに秀逸だったものをいくつか紹介しておく。

①肉体関係を迫るためのジャブとして下ネタが有効だと思っているから
②女性とエロい話をすると単純にテンションが上がるから（下ネタを話したときの女性の困った顔が大好物……など）
③軽い下ネタのリアクションで、女性のキャラや許容範囲を把握しておきたいから
④下ネタぐらいしか自信を持って話せないから
⑤経験豊富な男だと思われたいから
⑥恥ずかしい失敗談を告白して、面白い人だと思われたいから

結論を申せば②④⑤⑥は問題外。「下ネタを話したときの女性の困った顔が大好物」なんてほざいているヤツは一生モテには縁がないし、「下半身の武勇伝がそのままイコール経験豊富へと直結する」なんて発想自体終わってるし、「シモ絡みの恥ずかしい失敗談」なんて、たいがい面白いはずもなく、単に情けないだけだ。あと「下ネタぐらいしか自信を持って話せない」ようなヤツはデートなんてする資格はない！　私が「まだ性交渉のない女性」に、あるいは「一度はベッドをともにしたが、二度目が微妙な感じの女性」に向けて下ネタを執行する場合、その理由は①の「肉体関係を迫るための軽いジャブ」がちょっぴり（笑）、それに③の「下ネタのリアクションで、相手の許容範囲を把握したい」、より正確な表現をすれば「下ネタのリアクションから、相手のインテリジェンスを計測したい」からである。

だから、私の下ネタには必ず「種族保存本能」やら「ヒンドゥー的宗教観」やら「振り子理論」やらのアカデミックな要素と単語が随所随所にフレイバーされており、口調は極力熱量と抑揚を省いて、伏せ字風な言い回しや「アレ」だとか「アソコ」だとか

「愚息」だとかの指示代名詞や比喩は一切使わず「チ○ポ」は「チ○ポ」、「マ○コ」は「マ○コ」（＝「○」には「ちゃんと「ン」が入る）とフルネームで、顔面から笑みを一切消し去り、まるで「高等な専門数式を、馴染み深い性器にまつわる例え話を交えながら、やさしく解説している」かのごとく、淡々と語る。そして、そんなロジカルなエロ話にポジティブなかたちで応えてくれる女性は、「正式に付き合ってからじゃなきゃエッチはダメ！」だったり「お泊まりは最低3回デートしてから！」だったり「○○を××しちゃうなんてヘンタイっぽくて引いちゃう」だったり……といった多数派の既成概念に縛られない、「自分で考えて行動ができる知的好奇心の強い女性」であり、そういう女性とのセックスは総じてアグレッシブかつクリエイティブで、満足度の面でも桁違いに高いのだ。

とはいえ、私も50代に差しかかったあたりから、めっきり女性相手に下ネタをしなくなった。体力の衰えとともに「最終段階まで」を求めるだけの気力が減退しつつあるのは認めざるを得ない。が、いっぽうで相談者が言うところの「近ごろの若い女子」が、あきらかに下ネタに打たれ弱くなったのも事実である。ただし、それは「彼女らのインテリジェンスが低下した」わけではなく、幼少のころから「セクハラ」という名のモラル観が過剰に飛び交う社会背景のなかにどっぷりと浸かってきた〝教育の賜物〟によるものなのではなかろうか。

Dr.菅原の回答

下ネタは「ひらめき脳」の下地をつくる

僕は、下ネタを人前で話すことが脳に2つの良い効果をもたらすと考えています。

まず、ひとつめの効果は**「ひらめき脳」の下地づくりにもってこいだということ。**下ネタとは「普通のなにげないひと言を違う視点で捉えて、生殖器や性行為などを想起させる言葉や動作による表現に変化させること」で、ひらめきのある敏感な脳でないと、そう簡単に思いつくものではありません。すなわち「下ネタを考える」ということは、「新しいアイデアを捻り出す作業」と言い換えることができます。「新しいアイデア」は〝無〟から突然ポンと出てくるわけではなく、すべてが「過去のアイデアの組み合わせ」や「視点の違い」から生まれるもの――たとえば、どんなに腕の良い寿司職人がいても、カウンターのネタケースに魚がなければ寿司屋は開店できないように、「記憶」がなければ、新しいアイデアは発想できません。そう。「新しいアイデアの捻出」は、側頭葉にある記憶（魚）をもとに、前頭葉（寿司職人）があらゆる工夫（組み合わせ）を凝らし、お客を満足させる仕事を行うことと同じなのです。なかでも「シモ絡みの記憶」は、寿司職人にとって「決して高級ではないけど、脂が乗っていて丁寧に調理すれば美味しく食べられる」いわばイワシみたいな存在で、一流の寿司職人はこういった〝下魚〟からも常に刺激を受け、お店を繁盛させているのではないでしょうか。

「良い下ネタ」のためには「メタ認知」の視点が重要

2つめの効果としては、**「メタ認知」**を鍛えることができるということ。「メタ認知」とは、自身の思考・感情や周囲の状況を客観的に評価し、それをコントロールすること。簡単に言ってしまうと「自分の言動を空の上から神様の目線で見るようなこと」です。申すまでもなく、下ネタは相手と場所を選びます。そもそも下ネタというのは、相当に高度な判断能力を要するんです。ですから「こんなときにこんな話をしたら、場が凍りつくんじゃないか」というように、自己を客観的に評価する「メタ認知」が重要になります。「メタ認知」を上手に活用して、クスリと笑えるような下ネタをベストタイミングで話せる判断ができれば、その場を和ませることだってできるでしょう。私たちの「メタ認知」は、脳の最前部にある前頭葉の、さらに前半分にある「前頭前野」が担っています。「前頭前野」は、人間がもっとも進化した部位で、他の動物と比べても人類が抜きん出て大きく発達しています。下ネタを発言するときに、一番気をつけなければならないことは「この話を聞いた人はどう感じるだろうか?」といった発想を常に持つこと。思いつくまま節操なく口に出すのは、まったくもって良くありません。好感度の上がる下ネタというのは、「メタ認知」を意識して、理性的に振る舞いながら語るものなのです。

ただ、一般論として下ネタは、やはり「下品」とみなされがちなので、好き嫌いが大きく分かれるのはしょうがない。福山雅治さんがラジオなどで好んで披露する下ネタも、福山さんだから許されるのではないでしょうか。

リスクの高い下ネタより「おやじギャグ」がおすすめ

私としては、両刃の剣ともなりかねない危険度の高い下ネタより、同様に「ひらめき」と「メタ認知」が必要となる「おやじギャグ」をおすすめします。おやじギャグなら、万一スベったところで相手を凍てつかせるだけですみますが、下ネタだと女性に一生嫌われてしまう可能性もありますから……。

結論

両刃の剣の下ネタより、おやじギャグのほうが安全

悩み18

女性のいる店で飲むと必ず妻にバレるのはなぜか

妻に内緒で、別の女性と食事に行ったり、ホステスさんが付く店に行ったとき、「今日は得意先の接待で遅くなって……」などと嘘をついても、なぜか必ずバレてしまいます。私の「嘘のつき方」に、なにか問題があるのでしょうか？ それとも、嘘をつかねばならない日常生活自体を改めるべきなのでしょうか？（44歳・既婚男性／テレビ局営業）

ゴメスのひとり言

個人的な意見を述べさせてもらえば、私は、妻や夫や恋人とのやりとりに、多少の嘘を交えて円満な関係をキープしようと努めるのはしょうがない、ある種の「必要悪」だと考える。厳密に言えば、「顔色がちょっと優れないけど、大丈夫？」「そう？　でも全然平気！」みたいなやりとりも、れっきとした〝嘘〟であるからして……。

だけど、当たり前だが「バレる嘘」をつくのはいただけない。バレるくらいなら多少のいざこざは覚悟してでも、つかないほうがマシ、つくんだったらその〝嘘〟を最後まで貫き通すのが、相手に対するせめてものエチケットだと思う。

夫婦生活や恋人との共同生活において、パートナーに上手な嘘をつく一番のコツは（断じておすすめしているわけではないが）、あなたが過ごす日常のグレーゾーンを広げることだ。

例として「外泊」を挙げてみよう。たとえば、既婚者であるあなたが仕事で外泊するケースは「出張」や「徹夜の残業」ほか、せいぜい年に2～3回程度……だったとする。ならば、ガールズバーで盛り上がってそのままチョメチョメなんてことになったり、愛人と1泊2日の温泉旅行なんてことになったりしたら、妻に言い訳するのも一苦労——しかし、あなたの日常が「出張や仕事で外泊するのも茶飯事」だとすれば、「今日〝も〟仕事が終わらなくて……」と、電話やLINE一本で事が足りる。私が言うところの「グレーゾーン」とは、そういうことである。

相談者の妻の性格や、相談者が妻に普段どのような接し方をしているのかは、冒頭の〝悩みの告白〟からだとよくわからないが、私が想像するに、あなたの日常生活には、まだまだグレーゾーンが少なすぎるのではなかろうか？　少なすぎるのであれば、人事異動で他の部署に配属されたタイミングとかで……とうぶん人事異動の予定がなさそうなら、仮に色恋絡みではなくとも、ひとり旅にでも行くなりして、徐々に外泊の回数を増やしてみてはいかがだろう？　不思議なもので、外泊の機会が増えれば（＝家に帰る回数を減らせば）、妻の存在も、より新鮮に感じて愛おしくなってくる。まさに一石二鳥！　極端な話、妻に他の女性とラブホテルに入るところを目撃されたとしても、「いや、これから取材で……」と、とんちんかんな言い訳がまがりなりにもまかりとおるようになれば、しめたものである。「テレビ局」といったいかにも時間が不規則で、なんでも

「仕事」で片づけられそうな職場で働く相談者なら、決して不可能じゃないはずだ。

Dr.菅原の回答

女性に嘘をつくときは「必ずバレる」と前提づけておいたほうがいい！

できればあまり触れたくない悩み相談ですね(笑)。きれいごとに聞こえるかもしれませんけど、僕には「嘘をつきたくない」というポリシーがあるので。

女性は第六感的な脳の働きが男性より優れています。専門的に言えば「共感意識が発達している」。なぜなら、大昔だと、外へ狩りに出ていた男性と比べ、女性は家を守る役割があったため、どうしても「村に馴染まなければならなかった」から、本能的に「空気を読む」能力に長けているとされます。したがって、女性に嘘をつくときは「必ずバレる」と前提づけておいたほうがいい、と僕は思います。

どうしても嘘をつかなければならない状況に追い込まれたとしても、「100%の嘘」はつかない。嘘のなかに可能なかぎり「本当のこと」を混ぜ込み、そのパーセンテージを少しでも増やしていくことを心がけてみてください。

たとえば「飲みに行く」のなら、そこはちゃんと正直に申告しましょう。その席に女性がいるかどうかは別問題。あえて言わなくてもいい。もし、「女の子もいるんでしょ?」と問い詰められたら「うん、いるよ」と答えればいい。さらに「どこの子なの?」と問い詰められ、それが仮に「バーで知り合った女性」であった場合は、ここで初めて「仕事先の子だよ」と嘘をつく。嘘の要素を極力減らすといった発想です。

ひとつだけでも「真実」の基礎があれば、その上に嘘を重ね塗りするのは比較的安易になります。ただし、どこの部分でどういう嘘をついたかを脳内で整理整頓できる卓越した記憶力が重要となることは、忘れてはいけません。

結論

ひとつだけでも〝真実〟の基礎があれば、その上に嘘を重ね塗りしやすくなる

Part 4

女性たちの悩みに学ぶ編

女性の悩みを
知らずして
正解なし!!

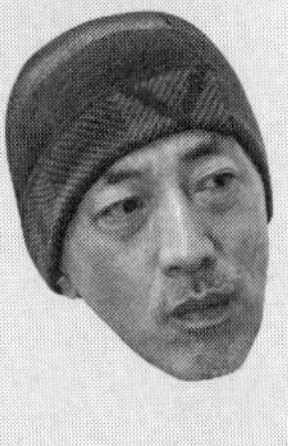

下ゴコロにしか
聞こえません

悩み 19

男脳・女脳はほんとにあるのか

ひと昔前、「男脳」「女脳」なる言葉がちまたで流行っていた記憶があるんですけど、このような「性別による脳の違い」に医学的根拠はあるんですか？

（48歳・未婚女性／ＮＰＯ代表）

ゴメスのひとり言

たとえば、私なんかは「女と子どもを食わせるのは男の務め」的な思い込みを、サラリーマンの父と専業主婦の母から身をもって刷り込まれてきた世代であるからして、だからデートになると、どんなに財布の中身が淋しくても、ついつい見栄を張って奢《おご》っちゃったりしてしまう。対して、若い世代は「両親が共働き」のケースも多く、父親と母親の関係は対等で、むしろ友人同士に近いゆえ「男が必ず奢る」といった一種の義務感のようなものは希薄になりつつある。

したがって、私は恋愛にかぎらず、物事に関する男女の考え方の違いは「脳の仕組み」より「環境」によるもののほうが大きく、さらにその違いは時代ごとにフレキシブルなかたちで揺れ動くと推測しているのだが。センセイ間違ってます？

Dr.菅原の回答

男女の思考傾向の差は、脳の仕組みではなく環境による

たしかにひと昔前は、「左右の大脳半球をつないでいる『脳梁《のうりょう》』が、男性より女性

のほうが太い」などと主張する脳科学者も少なからず実在しました。しかし、現在その説は否定されつつあります。僕も個人的には「脳の仕組み自体に、あまり男女差はない」と思っています。

ゴメスさんの言うとおり、男性として、女性として、生まれてから育ってきた周囲の環境が、後天的なかたちで脳に影響を及ぼしているのは間違いなく、男女の思考傾向の差は、むしろそれに起因する部分が大きいのではないでしょうか。

たとえば、原始時代は、男性が狩りに行く役目を果たしていたので、危機を察知する能力が高く、女性はじっと家を守っていたので共感性、コミュニケーション能力が高かったと聞きます。別の表現をすれば「男女とも生きていくため、異なった必要な部分に脳の多くを使っていた」ということです。

いっぽうで、21世紀のような「男女平等」が前提とされる先進国社会においては「従来、性別によって異なっていた脳の使用法がボーダレスになりはじめている」と、僕は見ています。すなわち、恋愛の悩みに対するアドバイスにかぎっても、基本的に「男性向けか・女性向けか」はあまり関係なく、共通して重要なのは**「リフレーミング」**

――まずは「自分が普段かけている色眼鏡から見えている視点を変えてみる」発想なのです。そんな要素も織り込みながら、これからはいろいろお話をしてみましょう。

結論

男女平等が叫ばれる昨今、「男脳・女脳」の分類はナンセンスとなりつつある

悩み
20
彼氏がいなくても「充実」している キャリアウーマンの心理とは

一昨年で40歳になりましたが、まだ独身で結婚の予定もなく、彼氏もいません。仕事は今が一番楽しくて、男性の飲み友だちだって何人もいるので、毎日が充実してはいるのですが、残業でヘトヘトになって帰宅した夜中や休日にひとりでいると、たまに淋しくなることがあります。やはり、面倒臭がらずに婚活でも始めるべきなんですかね？

（42歳・独身女性／化粧品メーカー広報）

ゴメスのひとり言

今回の相談者、タネを明かせば私の知り合いで、先日一緒に飲んだとき、こんなことをポツリ告白されてしまったんである。


いや、お世辞抜きでグンバツの別嬪《べっぴん》さん（↑死語？）で、スタイルもモデルクラスだし、いつも高そうな洋服着てるし、オマケに仕事もできて、英語とかもペラペラだし。

で、2年ほど前、それとなくアプローチはかけてみたものの、清々しいほどにスルーされてしまい……。それ以降、「なんでも相談できる安全な男友だちで満足じゃないか！」「キレイなおねえさんを連れ歩けるだけ、同世代のおっさんよりは幸せじゃないか⁉」と、自分のマインドをスイッチしたのであった。

こういった割り切り、変わり身の早さの積み重ねによって「ゴメスさんのまわりは美人ばかり」なんてレジェンドが生まれるわけだが、センセイ！　ぶっちゃけ、まだボクにも望みはあるのでしょうか……？

Dr.菅原の回答

「仕事」がうまくいくほど「恋愛」に目が向かなくなるのは当たり前

ゴメスさん、あきらめたんじゃなかったんですね？　友だちのフリして虎視眈々と彼氏の座を射止めるって作戦か。いつの間にかゴメスさんの悩み相談になってますよ。ただ、こういうタイプのキャリアウーマンから「仕事が忙しすぎて出会いがない」「出会いがないから結婚もできない」みたいな愚痴を聞くことは、僕もしばしばあります。でも、彼女たちがどこまで本気で結婚を望んでいるのかは、正直僕にはわかりません。それよりも「会社で大きな成果を出したい」「仕事でなんらかの爪痕を残したい」という欲望のほうが俄然《がぜん》強い可能性だってあるわけです。

人間の〝やる気〟、モチベーションを支えている神経伝達物質のひとつは**「ドーパミン」**。ドーパミンの脳内麻薬的な働きによって、我々は「うわ！　楽しいな」といった感情、幸福感を抱きます。

じつは、ドーパミンがもっとも分泌されるのは「目標を達成したとき」ではなく、

「目標を達成しそうなとき」で、しかも「達成できそう」なことに脳への刺激はえんえん繰り返される――たとえば、パチンコだと、いきなり大当たりしたときより、激アツを何度も外しちゃうケースのほうがやめるにやめられない感じでしょうか。「ギャンブル」はドーパミンの分泌をもっとも促すツールのひとつですから。

話を戻しましょう。つまり、**「仕事」がうまくいけばいくほど、「恋愛」に目が向かなくなるのは、脳科学的にも理にかなっている**わけです。

今の世の中、女性のほうが「決断」すべきことが多い

我々人間は毎日毎日、まさしく1分1秒ごとに「決断」をしながら生きています。ビジネス上だけではなく「電車の何両目に乗ろうか」「ランチはなにを食べようか」「仕事が終わったら飲みに行こうか」といった具合に、です。

ある研究結果では、「人間が1日に決断する平均数は約9000回」ともされています。ましてや、バリバリに働いているキャリアウーマンで、リーダーシップを取らなければならない立場にあったら、その決断数はぐんと増えてくるものです。

「決断すること」とは、イコール「脳の機能を使うこと」。基本的に、脳というのは臓器のなかでも断トツに燃費が悪い、たった1・4kgしかないのに、総エネルギーの20%近くを要する臓器なので、スキあらば「サボろうサボろう」とします。したがって、仮に目の前に素敵な男性がいたとしても、その出会いが自分にとって良いのか悪いのかを判断するのが億劫《おっくう》になってしまい、後回し、もしくは無視してしまうのです。

さらに今の世の中、女性は男性よりも決断しなければならない物事が多かったりもします。ファッションとかメイクとか。「結婚」という行為に対する決断の量も、女性のほうが多いのではないでしょうか。「仕事をやめたほうがいいか?」「出産のタイミングはいつ?」「産後に職場復帰できるのか?」「義理の両親とうまくやっていけるのか?」……ほか諸々と。

スティーブ・ジョブズがいつも同じ服装だった理由

これから語ることは、あくまで「相談者が本気で結婚したいと願っている」のが大前提としてください。

もし、本気で結婚したいならば、「脳の力は有限だ」ということをあらためて認識することが大切だと僕は思います。そして、**決断の回数をできるだけ減らす努力をすべきでしょう。**毎日なるべく同じ電車の同じ車両に乗るなり、ランチするお店やメニューを習慣化するなり。栄養の偏りが心配だったら、近ごろは日替わりで栄養バランスを計算してくれるお弁当の宅配サービスもありますしね。

仕事用のファッションをある程度ローテーション化するのもいい。ルーティンワークにできることはすべてルーティンにしてしまう。どうしてスティーブ・ジョブズはいつも黒いシャツばかり着ているのか？　それは「意外とケチだから？」なんてチンケな理由ではなく、決断の回数を少しでも軽減するためです。

こうやって**脳の余力をつくれば、自然と「恋愛」への比重も高くなっていくのではないでしょうか。**

通常の恋愛カウンセリングだと「もっと女性らしい、男受けする洋服をチョイスしましょう」なんてアドバイスをするのかもしれません。

しかし、バリバリ働いている女性は、それだけで十分魅力的なんですから、自分の本質や生き様を変える必要は一切ありません。

そもそも、バリバリ働いている女性は仕事の面ですでに実績を残しているわけですから、その成功体験のインパクトが強すぎて、むしろ「変化」を恐れる一面があったりもします。彼女たちにとって「恋愛」は、自分のキャリアスケジュールを狂わせる異物でしかないのです。

結論

決断の回数を減らし、脳の余力をつくると「恋愛」の比重が高くなる

悩み 21
男勝りの女性はやっぱりモテないのか

去年、外資系の証券会社に転職し、トレーダーをやっています。仕事は順調で、周囲にはいわゆる「デキる男」がいっぱいおり、そんな彼らとも対等にやりとりする多忙な毎日です。

しかし、ここ数年で私の女友だちは皆、結婚してしまい、幸せそうな報告などを聞くと、「どうして私だけが結婚できないのかなあ」と、自問自答してしまうことも……。我ながら、容姿だってそこまで悪いとは思いませんが、浮いた話は一切ありません。私って男性から見たら、男勝りで魅力がないのでしょうか？

（36歳・未婚女性／外資系証券会社勤務）

断言しよう。私のようなタイプこそ、あなたにピッタリです！　私にかぎって申せば、相手のキャリアの邪魔にならない空気のような存在になりきる自信がある!!　なんなら「主夫」として家庭を守ることだって厭《いと》いません！「あなたには自分の仕事を全然別の方向からサポートしてくれるゴメスさんが理想の相手に違いない」とでも、センセイに脳神経外科医の立場からフォローしてもらいたいくらいである。

もし万が一、今回の相談者が「自分のキャリアは変えたくないけど、結婚も両立させたい」みたいな煮え切らない結論に達したとすれば、たとえ世間体がどうであれ、ベストチョイスは私のような「ヒモ気質の男」って考え方もありますから！　これぞ真のフェミニズム!!

ゴメスのひとり言

「ヒモ」とは言っても、家で原稿を細々《ほそぼそ》と書きながら、家事も育児もこなし、そこそこの銭は稼ぎますよ～。ただし、多少の収入差には目をつぶってくださいね（笑）。

Dr.菅原の回答

恋愛が「異物」になる人生だってある

まあ、ゴメスさんタイプは、たしかにバリバリのキャリアウーマンタイプの女性には向いているのかもしれませんね。

ただ、今回の相談者にとって、最優先事項はなんなのか、「恋をしたい」「結婚をしたい」なる願望が、自分の人生目標のなかで何番目にランキングされているかを冷静に自己診断することです。

すぐ仕事をやめて専業主婦になってもかまわないのか、とにかく仕事を続けてお金を稼ぎたいのか？　そこで、後者を選ぶなら「恋愛」に投資する時間は無駄――先にも申したとおり「異物」でしかないわけで、また、そのような人生を僕は否定するつもりもありません。

漠然と「結婚したいなあ」「○○ちゃんも結婚しちゃったし」などと想いを馳せる女性は、得てして「結婚」の優先順位に対するイメージがアバウトだったりします。

「なぜモヤモヤしているのか」をきっちり把握しないと、その正解には一生たどり着けない。「結婚」にさしてこだわりがないなら、案外そのモヤモヤを晴らしてくれるのは男性じゃなくて、家族と同居することかもしれないし、ペットかもしれません。

選択肢が多すぎると「1人」を選べなくなる

ところで、コロンビア大学ビジネススクールの教授であるシーナ・アイエンガーさんによる**「買い物客とジャムの研究」**をご存じでしょうか?

店頭で6種類のジャムを揃えたとき、買い物客の40%が試食に立ち寄ったのですが、24種類のときは60%に上がりました。しかし、6種類だと試食客の30%(=全体の12%)がジャムを買ったのに対し、24種類だと試食客で買ったのはたった3%(=全体の1・8%)だけでした。

つまり、多い品揃えは客を引き付けるが、いざ「選択」となれば、迷って決められない状況もつくる、というレポートです。一見「豊富な選択肢=より良い選択」と捉えられがちだけど、それは単なる思い込み。すなわち、**キャリアウーマンも同様に、**

仕事でたくさんのハイスペックな男性と出会っているため、かえって彼氏や結婚相手を選びづらい環境にあるわけです。

最悪のコンディションで飲みに行ってみる!

「理解できました。でも、それって、なんの解決法にもなっていませんよ」と反論したくなる気持ちもあるでしょう。そんなあなたには、相当な荒療治になりますけど「決断という脳の働きをマヒさせる」といった手段があります。

怪しげな催眠術をかけたり、危ない注射でも打ったりする特殊な〝治療〟ではなく、いたって簡単。脳がＭＡＸに働かなくなる、最悪な「寝不足」のコンディションで、お酒を飲みに行く。そうすれば、判断力・決断力も鈍くなって、身近にいる男性がイイ男に見える……かもしれません。

「え!　そのアドバイス乱暴すぎません!?」といった声も聞こえてきそうですが、本気で現状を劇的に変えたいならそれくらいのことはしましょうよ。

「リフレーミング」――「自分を変える」のではなく、自分が普段かけている色眼鏡

―から見えている視点を、透明の眼鏡から見直してみる発想ですね。

結論

寝不足とお酒で脳の働きをマヒさせてしまえ!?

悩み 22

出会いがまったくない私はどうすればいいの

いつも同じ時間に会社へ出勤し、同じ時間に帰宅する……そんな判で押したような毎日を過ごしています。とくに目立つわけでも取り柄があるわけでもなく、年齢の近い同僚や友人は男女ともすでに既婚者ばかりで、飲み会や合コンなどに誘われる機会もなく、結婚はしたいけど、出会いがまったくありません。

こんな私でもいずれは〝幸せ〟が訪れるのか、考えただけで死にたくなります……。

（37歳・独身女性／文具メーカー経理）

相談者は婉曲して自身のことを「地味」といった風におっしゃっているけど、私はそういう女性、好きですよ。派手でも地味でもどっちも平気ですよ。なんでもアリですよ！　あんましそこは判断基準にならないので。だから「死にたくなります」なんて言わないで‼

ゴメスのひとり言

「派手」な女性は派手な女性なりに、また違ったいろんな悩みがあるんですよ。近寄ってくる男はたくさんいても、どいつもこいつもヤリ目的ばっかだったり、「この子なら少々エロいこと言ったりしたりしても平気だろ」と、やたらセクハラの標的になってしまいがちだったり、「頭悪そうだから浮気してもバレないっしょ」と勝手に勘違いされたり……と。

自分のことを「目立たない」「取り柄がない」みたいに卑屈な捉え方をせず、あなたの魅力、強みとしてもっと「地味」をアピールしてかまわないんじゃないですか？「堅実」とか「しっかり者」とか「浮わつかない」とか、こう解釈を変えてみただけで随分気持ちも前向きになってくるはず。菅原先生が言うところの「リフレーミング」ってヤツで自己を見つめ直すんですよ。使い方間違ってます？　いや、合ってますよね？

で、この手の相談を受けた場合、「気分を変えて、華やかなファッションにチャレンジしてみましょう」的な模範解答を口にする恋愛カウンセラーだとか恋愛ジャーナリストだとか恋愛占い師だとかの肩書を持つ人をよく目にするのだが、はたして正解はいかに？ センセイ、続きはよろしくお願いします！

Dr.菅原の回答

ケバいファッションより、地味でも清潔感のほうが重要

もしかして、ゴメスさんは「気分を変えて、華やかなファッションにチャレンジしてみましょう」といった一般論調のアドバイスを僕に否定してほしいのかな？

だとすれば、意に反してまことに恐縮ではありますけど(笑)、人間は、とくに男性は視覚から得る情報が多いため、煌《きら》びやかな洋服やメイクでビジュアルを際立たせるのはひとつの正しい方法です。「ピシッとしたスーツのビジネスマンと、くたっとしたスーツのおじさんとでは、どちらが契約を多く取れるか？」って理屈と一緒ですね。

世に通説として定着している〝スタンダード〟を、天《あま》の邪鬼《じゃく》な視点から頭ごなしにダメ出ししてはいけません。

とはいえ、シックな洋服ばかり着ている女性に、いきなり谷間を強調したりミニスカートをはいたりヘソを出したりしてみなさい……などと無茶を言っているわけでもありません。「露出＝モテる服装」ではないのです。蛾《が》みたいなけばけばしいファッションより、清潔感さえあれば十分！　そういう女性に少なくとも僕は必ず惹かれます。

釣り堀に行かなければ魚は釣れない！

ファッションやメイクほか〝見た目〟については、あとから詳しくお話ししましょう。その前に、ここでは今回の相談者がふと漏らしている「出会いがまったくありません」という発言について、触れておきます。

たしかに、僕と似たような女性観、ポリシーを持つ男性がどこかに実在するとしても、出会わなければなにも始まらない。ましてや相談者は事務職ゆえ、社外の男性と知り合う機会も稀だろうし……といった物の見方だってあるのかもしれません。

だけど、男女関わらず「出会いがない」が口癖になっている人は、実際のところ、本当に出会いがないわけじゃないんです。正確な表現をすれば「自分のお眼鏡にかなう相手との出会いがない」だけ。

まずは「恋愛対象となる相手は、身近にもたくさんいる」と自覚することが大切。そして動かないと。魚を釣りたいのに、自宅で釣り番組ばかり観ていてどうするんですか？　それだと、いつまでたっても釣れるわけない！　とりあえず、針を落とすだけで魚が入れ食いしてくる釣り堀でもいいから行かなきゃ。現状がうまく回っていないなら、どこかで自分の意識と行動を変えなくてはならないのです。

もし「出会いがない」と本気で嘆くのであれば、生活習慣を見直すことから始めてみましょう。「いつも利用している電車の時間をずらしてみる」とか「毎日昼食がお弁当の人は、たまには外に出てランチを食べてみる」とか、些細なことからでも全然OK。「悩み20」の回答で、キャリアウーマンさんにアドバイスした「ルーティンワークにできることはすべてルーティンにしてしまう」の正反対バージョン、**「ルーティンを崩すこと」**にチャレンジしてみてください。そうすれば、身近で空気のごとくただよっている、今まではノーマークだった男性の存在をきっと発見できるはずです。

「待ち」の姿勢をやめてみずから「提供」する

あらためて問いますが、あなたには本当に出会いがありませんか？　心のどこかで「運命の出会い＝白馬の王子様」を待ち望んではいませんか？　街中で落としたハンカチをイケメンが拾ってくれたり、夜道で暴漢に襲われたときイケメンが助けてくれたり……。いわば、シンデレラ的他力本願な発想です。

しかし、よ〜く考えてみてください。シンデレラだって、結局は舞踏会に行くという行動に出たからハッピーエンドになったわけじゃないですか。

これは恋愛の基本ですけど、仮にちょっとでも気になる男性が現れたら「待ち」の姿勢をやめて「提供」すること。出会ったら「告白されるのを待つ」のではなく「告白する」。シンデレラパターンなんてほとんどない。**理想の異性と出会える確率は0・000034％**しかないんですから。

この数字は出まかせで適当に言ったものではなく、ロンドンの大学院生がドレイクの方程式（※地球人と出会う可能性がある地球外文明の数を推測する方程式のこと）を応用して、導き出したものです。0が多すぎてあまりピンと来ないでしょうが、わかりやすく比較対象を挙げると「銀河系で知的生命体を発見する確率のわずか100倍程度」でしかないのだそう。「王子様降臨」は、おとぎ話レベルの妄想でしかないということです。

結論

シンデレラは「舞踏会に行った＝行動した」から幸せになった

悩み
23
外見が地味で婚活パーティで連敗です

婚活パーティに行っても、いつも意中の男性をライバルに持って行かれてしまい、カップル成立にまで到ったことが1回もありません。

やっぱり、私の外見が地味だからでしょうか……。もし「地味」なんだったら、いったいどこから変えていけばいいのでしょうか？

（35歳・独身女性／デパート勤務）

ゴメスのひとり言

個人的趣味の告白でまことに恐縮ではあるが、私は見た目が地味めな女性が赤だとか蛍光色だとかの派手な下着を着ていたりすると、無茶苦茶萌えてしまう。少女漫画にありがちな「メガネをかけた普段は目立たないタイプの主人公が、メガネを取ったらいきなり⁉」みたいなロジックだろう（たぶん）。また、真逆の視点で、私はメガネをかけたＡＶ女優が大好きだったりもする。つまり「男は女性が秘めるギャップをかいま見たとき、猛烈にソソられる」ってことを、私はここで主張したいのだ。

たとえば、私は近所の喫茶店に原稿を書きに行くときは、たいがいＴシャツ＆短パンにスリッパ、冬だと上下ジャージに靴下をはいてスリッパで、打ち合わせなどで人と会うときもそのまんま。あるいは、それに毛が生えた程度のフォーマル（※アウターのジャージがジャンパーに、短パンが長いジーンズに、スリッパがスニーカーになるくらいのもの）しか、ぶっちゃけ心がけていない。おそらく、初対面のほぼ大半の人たちは、私のことを「なんだこのドチンピラは⁉」と、いぶかしがっているに違いない。

ところが！　自分で言うのもなんだが、いざ話してみれば、私はとても礼儀正しかったりするのである。日本人離れした南方系のコワモテな顔立ちにチンピラ風情のファッションを掛け合わせたワイルドな外見に反し、使う言葉は必ず敬語で、口調もオネエ張りに柔らかく、腰も低くて、まるでバッタのごとくペコペコと頭を下げながら、挨拶もお礼も欠かさない。そう！　こうやって「第一印象」と「第二印象」とのギャップを最大限に活かし、私は半生にわたって幾多もの仕事とモテをゲットしてきたのであった。

ただ、このギャップを作為的に演出するには、徹底して主観を排除した、第三者的視点による「土台となる容姿の自己分析」が必要不可欠となってくる。身長は日本人成人男性のごく平均的な数値、体型はなで肩で、顔に手首にと出ているパーツが細いから痩せ型に見えるけど、案外筋肉質、その上に乗っかっている顔は日本人離れした、今のトレンドからは逸脱したソース系……と、そんな具合に、だ。そして、こんな肉体的特徴を持つ私に、派手派手なTシャツや短パンやジャージやスリッパはめっぽうハマり、あまりにハマりすぎて、よりいっそうチンピラ感を増していくのである。

Dr.菅原の回答

まずは気軽に変えられる「隠れた部分」から

ギャップを巧妙に使いこなすのが、男性の気を惹くのに有効な手段のひとつであることに間違いはありません。これまで自分が「似合っていないかな」と避けてきたファッションアイテムをあえて選んでみたり、普段だと自分が買わない色の洋服を買ってみたり。先にも申しましたが、あなたが自身に抱いている「地味」というイメージは決して悪くない。「派手にしろ」ではなく、「イメージを変えよう」↓「これまで頑なに守ってきた自分を解きほぐしていこう」ということなのです。

ゴメスさんの〝下着論〟のように、どこか隠れた部分にセクシーさを盛り込むのも、ありかもしれません。「じつは私、Tバックなのよ」と〝自分だけの秘密〟がひとつあるだけでも、モチベーションが変わってくるはずです。

勘違いしないでください。僕は「大胆な下着のほうがいい」と言っているわけじゃありません。**あくまで隠れた部分、比較的変えやすい部分から気軽に自分を変えてみ**

ませんか。別に下着じゃなくても、メイクでもアクセサリーでも、なんだってかまわない。香水をはじめとするフレグランスを変えてみるのもおすすめ。嗅覚は原始的かつ直感的に脳へとダイレクトに響くからです。さらに、シャンプーやトリートメントもちょっとだけ奮発して、いつもより1・5〜2倍くらい高価なものに変えれば、他人に与える印象だけではなく、あなたのマインドも確実に上がってきます。

あと、右利きの人は視野の左側を重視する傾向が強いのをご存じでしょうか？**「擬似的空間無視」**と呼ばれている現象です。料理の撮影で、素材が魚だったとすれば、頭の部分を左側に持っていくのもそのためだと言われています。だから、全人類の90%弱とされている右利き相手に向かっての左側、メイクも髪の分け方も表情にしても、常に**「自分の右側をより意識する」**よう心がけてみてはいかがでしょう。

結論

約90%の男性はあなたの右側を見ている！

悩み 24

夫とこのまま一生暮らすのかと思うと気が滅入る

28歳で結婚して24年。東京郊外にマイホームを建て、子どももふたりいます。とくに家庭上での大きなトラブルはありませんが、どうも最近、夫に愛情を感じることができません。友情的なものはなくもないので、離婚までは考えたことがないんですけど、このまま死ぬまで夫と一緒にいなければならないのか、と想像すると、気が滅入ってしまいます。周囲からは「贅沢な悩み」とよく言われますが……。

（52歳・既婚女性／専業主婦）

ゴメスのひとり言

う〜ん……かなりの難題ですな。ぼんやりとした悩みである分、余計に深刻だったりする。これって、本当に解決の道筋はあるのか？

結婚して20年も30年も一緒に暮らしていたら、大なり小なり相手に対してこういった感情が湧いてきてしまうのは、むしろ当然だろうし、それを無理やり封印したところで、また別の部分で妙なストレスが生じてしまう気がする。

相談者は52歳ですか……。だったら、ダンナさんはおそらくまだ働いているからマシでしょう。でも、もしダンナさんがまもなく定年を迎えて、ずっと家に居座るようなことになったら、そりゃあ考えただけでもゾッとしちゃいますよね。私だって、相談者の立場になったら絶対嫌だもの。

残念ながら、この案件に関しては、私にはなんのアドバイスの言葉も浮かびません。センセイ、丸投げってことでご勘弁願います。

Dr.菅原の回答

脳の「馴化」を防ごうとするのは無駄な努力

これはズバリ、脳の特性のひとつである「馴化《じゅんか》」という現象のこと。脳は、いちいち新しい刺激に驚いていたら疲れてしまうため、その対処法として、だんだんビックリしなくなるシステムを有しているのです。たとえば、毎日同じエッチなビデオを観ていても、慣れてきたら興奮しなくなりますよね？　中学生のころだと、エロ本でパンチラが見えただけでドキドキしていたのに、大人になったらピクリとも反応できなくなったり……いや、下ネタっぽくなってしまってすみません（笑）。

この「馴化」という機能は、ゴリラやチンパンジーなども少なからず持っています。ただ、「恐怖」などの感情を抑え込む機能を持つ前頭葉が人間ほど発達していないので、その速度は断然遅いはず。したがって、人間が身近にいるパートナーに馴れてしまうのは当たり前。しょうがないんです。

そして、そういう状態を「愛情がなくなった」と表現するのはどうかと僕は思います。単に「ドキドキ」「ワクワク」といった感情が薄くなってきただけ。「安心感」も立派なひとつの愛情、愛情の質が変わっただけなんです。ごはんがちゃんと食べられて、ふたりで寄り添って楽しく笑えることだって立派な愛情じゃないですか。

見合い結婚は夫婦生活を長持ちさせる？

一般的に「恋愛結婚」で籍を入れたカップルは、減点法で相手をジャッジする傾向があります。MAXの状態で結婚に到るわけですからね。

対して、我々の両親や祖父母世代のように「見合い結婚」が当たり前で、誰と結婚するかわからない時代は加点法で相手をジャッジします。実際、僕の病院に診察に来るおじいちゃんやおばあちゃんは、すごく仲良しですし。

「熱愛」を描いた傑作として名高い戯曲に『ロミオとジュリエット』がありますが、もしあのふたりが結婚できていたとしたら、間違いなく離婚していると僕はにらんでいます。人間は障害があればあるほど、それを乗り越えたくなる願望が強くなる。専門用語で言えば**「心理的リアクタンス」**——洋服屋で「残り1着しか置いていません」と店員さんに促されたら、無性にそれが欲しくなるのと同じ。「予算が足りなくてもつい買ってしまう＝障害を乗り越える行為」という理屈です。

さて。ゴメスさんもおっしゃっているとおり、今回の相談者が抱える悩みはなかなかにやっかいな問題なので、その解決策は次で詳しく述べてみましょう。

結論

ロミオとジュリエットは、あのまま結婚していたら１００％離婚している

まったく夫にときめきません

大学時代に所属していたサークルの先輩で、7年間の交際を経て結婚した夫ともすでに計20年以上の付き合いになります。子どもはいなくて、夫婦仲もそう悪くはないのですが、彼と一緒にいても、ときめきがまったくありません。

もう一度、若いころのようにドキドキワクワクするにはどうすれば……? できれば不倫以外の解決法をお聞かせください。

（41歳・既婚女性／パート）

ゴメスのひとり言

私の過去を振り返るかぎり、どんなに容姿やプロポーションがドンズバで、しかも肌から変態指数（※どこからどこまでの性的行為を「変態」とカテゴライズし、NG行為とするかの個人単位による判断基準のこと）に至るまで、体の相性がバッチリの女性でも、彼女とのセックスに飽きる瞬間は確実にやってきた。すなわち、体の相性が悪い女性と比べたら、まだ〝飽きるまでの期間〟が多少延命されるだけにすぎないということだ。

そういったパートナーとのセックスレス問題にまつわる悩みを、メディア上やプライベートで打ち明けられたとき、これまでの私は「ユー不倫（浮気）しちゃえばいいじゃん」のひと言で片づけてきたわけだが、今のコンプライアンスに敏感なご時世では安易に口に出すのもはばかられる助言となりつつある。じゃあ、それに取って代わる良策とははたして……？

ちなみに、私の知人で、結婚してもう10年以上もたっているくせに、「さあ今日は嫁とヤルぞお～！」と頬をパチパチたたきながら目をランランと輝かせ、何度も飲みの席を勇んで退散していった男性がいるが、私はこの男こそがれっきとした変態ではないかと思って脱帽している。

Dr.菅原の回答

「釣った魚にエサを与えまくる」のが長い夫婦生活を円満に続けるコツ！

不倫はダメですよ。ちゃんと家庭内で解決しなきゃ！

最良の方法は、日常生活に非日常を取り入れること。いつもはやらないことをあなたのパートナーと一緒に一度やってはみませんか？　旅行に行くのも◎、ちょっと奮発したレストランでディナーを食べるも◎。ただし、たまたま自宅の近所にシャレたレストランがあったとしても、そこはあえて外して、ある程度は遠出することをおすすめします。

人間は、仮にまったく同じ料理が出てきたとしても、家のとなりのレストランで食べるのと、クルマで1時間かけて行ったレストランで食べるのとでは、後者のほうが美味しく感じるもの――「なにか行動を起こして得た結果のほうが価値がある」と、脳は認識しがちだからです。「わざわざここを選び、時間までかけて行ったんだから美味しいに違いない」と。専門的にはこういう脳の特性を**「認知的不協和」**と呼びます。ポイントは「あなたのためにわざわざ選んだのですよ」の「わざわざ」の部分です。

また、ここは注意してほしいのですが、この「わざわざ」は、「相手」にではなく「自分」にかけるべき言葉である点を忘れないでください。

たとえば「わざわざこのプレゼントを10万円も出して買ってきたのよ」だったら、それは相手に思い込ませるのではなく、自分で思い込むようにする。**「自分がわざわざ10万円も奮発してプレゼントを買ってきただけの男性と私は結婚しているのよ」とあらためて自覚するのが重要**なんです。自分がそれだけの行動を苦労して起こしたということは、夫がそれに相応しい人だった……そう考えれば、自然と相手に愛着も湧いてきますから。

女性の「肉体的不利の依存」を利用せよ！

「釣った魚にエサを与えない」のは最悪です。**「釣った魚にはエサを与えまくる」**の

が結婚生活を長く続ける最大のコツ。「相手を変えるより、まずは自分を変える」という発想を大切にしましょう。

さらに付け加えるなら、夫婦仲が円満な夫婦は女性が頼り上手な傾向にあります。一例を挙げれば「あそこの高い棚にある荷物を取ってよ」っていうお願いは、とても有効。手伝った男性側が「この人のことが好きだから、オレは手伝ったんだ」と勝手に脳への刷り込みをしてくれるからです。これも相手に認知的不協和を呼び起こす応用法のひとつ。「私が面倒臭いから、アンタやってよ」だとダメ。女性にとって肉体的に不利な部分をフォローしてもらうお願いのほうがいい。「この荷物、重いからアナタ持って」にすれば、男性側も俄然手伝いたくなります。「精神的依存」ではなく**「肉体的不利の依存」を最大限に利用するわけです。**

それともうひとつ、皆さんは**「シロクマ抑制目録」**をご存じですか？

人間は「シロクマ以外のことは考えてもいいけど、シロクマのことは考えないでください」と言われたら、逆にシロクマのことを考えずにはいられなくなる――そんな脳の習性をこう呼びます。ダイエットしているときに「食べない」と目標を立ててしまうと「食べる」に「ない」が付いているため、「食べる」が先のイメージとして湧いてきてしまう。ゆえに、なにをするにも否定で目標を立てるべきではないんです。
では次に、この「シロクマ抑制目録」を夫婦仲に応用してみましょう。夫の嫌な部分を「忘れたい」と自分を追い込んでしまったら、逆にその嫌な部分ばかりに頭が支配されてしまいます。なので、嫌な部分をなきものにしたいなら**「思い出さない・気にしない・触れない」**の「3ない」が正解。そこにはもう「目をつぶる」しかありません。「忘れる」と「目をつぶる」は、一見よく似たものに感じられるかもしれませんが、じっくり噛み砕いてみればニュアンスは微妙に異なっており、後者の「目をつぶる」には、愛情に満ちた鷹揚《おうよう》の精神が含まれているのです。

結論

「私じゃ重くて持てないから」と夫に甘えてみるのが第一ステップ！

悩み

26

バツイチ子持ちの私は再婚すべきか

前夫と離婚し、今年5歳になる娘と一緒に暮らしているバツイチのシングルマザーです。これまでは働きながらの子育てに必死で余計なことを考えるヒマもなかったのですが、今年あたりからようやく娘も手を離れはじめて、「そろそろ婚活でもしたら？」と母親や友人からも言われ、「子持ちでもかまわないから」と求婚してくれている男性もいなくはありません。

でも、いっぽうで再婚に対してどうしても積極的になれない自分もいます。なにか踏ん切りをつけるきっかけが見つかればいいんですけど……。

（37歳・未婚女性／映像会社制作）

ゴメスのひとり言

自慢するわけではないが、私の周囲には、なぜかいつも素敵なシングルマザーがたくさんが寄ってくる。寄ってくるだけで、地味にアプローチをかけてものらりくらりとスウェーされてばかりではあるのだけれど、したがって私は「シングルマザー事情」にはめっぽう精通している。

たとえば、自分の子どもにしたいほどに娘さんがやたら可愛い某シングルマザーは、都会だろうが田舎だろうが、女性にとって「バツイチ」はまだしも、「バツ2」のレッテルは世間体的に厳しく、おのずと〝次の結婚〟には臆病にならざるを得ないと、こぼしていた。

息子さんとキャッチボールもしたことがある某シングルマザーは、これまでひとりで子育てをしてきて、ようやく安定しつつある現状の生活リズムを、いきなり第三者が介入してくることによって崩されることに不安がある、と漏らしていた。

ただ、私は彼女らシングルマザーたちが、こうやって「再婚」になかなか踏み切れないその心情も理解できなくはない。

たとえば、ママモデルをやりながらふたりの娘を育てる超美人シングルマザーは、私の渾身なるプロポーズを反故《ほご》にして、こんな〝捨てゼリフ〟を残して去っていった。

「シングルマザーでもOKって寛大な言葉はとてもありがたいけど、正直、イマイチ信用できない。そもそも、アナタは子どもがいる私が好きなの？　違うでしょ。たぶん子どもがいなくても好きになってくれるんでしょ？　だとすれば子どもは〝いないほう〟がベターでしょ？」

グーの音もでない完璧なロジックである。

また、「心底からシングルマザーでもかまわないと受け入れてくれる男は100人に1人いるかいないか。私たちは常に〝男を選ぶ〟のではなく、〝男から選んでいただく〟というスタンスなの。裏を返せば、100分の1の確率がポンポンと巡ってくるはずがない、という考えが染みついちゃっているの」とも言われた。

さらに、もうひとり別の、仕事上で懇意にしている同業者のシングルマザーは「こんな風に私たちを口説いてくる男には要注意」みたいなことを、3つ挙げていた。

ひとつめは「オレ、子ども好きだから」を口癖にする男。

子持ちバツイチで子育て経験のある男は、まあ例外として、子どもの面倒な部分を体験したことのない男が言ってくる、この安易なセリフはまったくアテにならない。ならば「毎日夜泣きしてもちゃんとニコニコしていられるんだよね？」「一度子どものウンチを触ってみなさいよ！」と突っ込みたくなる。親戚や友だちの子どもやペットレベルで「子どもが可愛い」と博愛主義を公言してほしくない。私たちは〝すべての子ども〟じゃなく〝自分の子ども〟だけを愛してもらいたいの……という理屈らしい。

2つめは「たまにはふたりで会わない？」とせがんでくる男。

それができるんだったら苦労はしない。ほとんどのシングルマザーは、保育所や両親に子どもを預けて仕事をしている。経済的にギリギリだったり、肩身の狭い思いをしながら毎日を生きている。ゆえに、プライベートだと必ず子どもが付いてくるのは大前提。デートするなら3人で。エッチも3カ月に1回ほど外泊できたとき、子どもが寝てから〝やっと&そっと〟が当たり前……という理屈らしい。

最後、3つめは「子どもも一緒に面倒見るから」とプロポーズしてくる男。

結婚したら、確実にいきなり〝お金を稼げない扶養家族〟が最低でもひとりは増えるため、よほどのお金持ちでもないかぎり、家計は相当厳しくなる。そこらへんの冷静な将来設計も立てず、勢いだけで求婚されても白けてしまう、という理屈らしい。

では逆に、シングルマザーのハートをガツンと射止める必勝の口説き文句とは？　正解はコレ！

「僕にはすでに（キミの）娘（or息子）がいるから、新しい子どもはいらないよ」

仮に、再婚して新しい子どもができたら、夫がその子ばかりを可愛がるんじゃないかという不安が、シングルマザーには常にある。実際に新しい子どもができるかできないかは置いておいて、このような肩の力が抜けた本音を自然と口にしてくれたら、「私たちも安心できる」のだという。

以上、長々とゴメスの「シングルマザー論」を語ってしまったが、まさに今、現在進行形でシングルマザーに恋をしている貴殿の目に、この原稿がたまたま目に止まり、少しでもお役に立てれば幸いだ。

Dr.菅原の回答

人間には過去の失敗を大きめに見積もる習性がある

シングルマザーの皆さんは一度結婚に失敗しているわけですから、〝次〟に慎重になってしまうのも無理はありません。人間というのは、過去の失敗を過大評価してしまう習性があるからです。

表現を変えれば「損を多く見積もるクセがある」。これは**「プロスペクト理論」**（不確実性下における決断を迫られた際、得られる利益、もしくは被る損害および、それら確率を比較したうえで、人がどのような選択をするかを研究したもの）と呼ばれており、そのなかには**「得をするよりも損を回避したい」**という意思決定に関するモデルがあるんです。

たとえば、「1万円を必ずもらえるくじ」と「50％の確率で2万円をもらえるくじ」だったら、皆さんはどちらを選びますか？「ここは手堅く1万円をもらいにいこう」とお考えになった人が多いのではないでしょうか？

じゃあ、仮にある理由で1万円を支払わなくてはいけないとします。無視し続けていたら払わなくても済むかもしれないけど、いっぽうで未払いがバレたら2万円を払わなければなりません……それらの確率が各50%だとすれば、どうします？「1万円を払うのは嫌だから、50%の勝負に出よう」という気持ちになりませんか？

じつは大半の人が、もらえるときは確実にもらえるほうを選んで、支払わなければいけないときはあわよくば支払わなくて済むほうに逃げてしまいます。得をするときの1万円と損をするときの1万円は、貨幣価値こそ同じですが、人間心理に与える影響は同じではないんです。このように、ただでさえ人は「損をする」イメージに縛られがちなので、とくにバツの入っている人は**「結婚したときの幸せ」より「また離婚してしまったとき」のつらさを多く見積もってしまう傾向があるのでしょう。**

しかも「なにかが変化する」とき、人間は前頭葉を猛烈に使って、いろんなことを判断しなければなりません。そして、それはとても疲れる行為なのです。

あと、生命体である以上、種の保存本能が働き、お子さんがおられる女性は「子を守る」という母性が強くなってきます。だから「他人である男よりみずから出産した子どものほうが大事」と、マインドがおのずと切り替わっていくのも当然なのではないでしょうか。

下手すりゃ100歳まで生きられる今、再婚を焦る必要なし

これは誤解を恐れず助言させてもらいますが、「なんとなく再婚したいな」程度の想いなら、僕は「別に無理して相手を探さなくてもいい」と思う。とくに相談者の場合は、お子さんがいないバツイチ女性と違って、高齢出産問題もクリアできているわけですから。我々の人生は、戦国時代あたりだと50歳が寿命だったけど、現代は下手すりゃ100歳まで生きられる時代なので、焦る必要はない。

それでも、あなたの慎重さを解き放ち、本気で婚活に励みたいのであったら、自分を変えるしかありません。ならば、まず「結婚」に抱いているマイナスのイメージを払拭することから始めてみてはいかがでしょう?

「離婚」を失敗だと解釈せず、「一生を添え遂げられない人とちゃんと別れられた」「離婚する方法を見つけることができた」「男性とうまく行かない理由をひとつ知っ

た」と解釈してみる――だから「今度は大丈夫」。「離婚」という経験を人生の自信にして、次は前回とはまったく正反対の着眼点から結婚を捉えればいい。前のダンナさんとは全然違ったタイプの男性を次は選んでみるとか。

この手の思い込みって、意外と重要なんですよ。「口に出したものが言霊《ことだま》になる」という昔のことわざを、しっかりと肝に銘じてみてください。

結論

「離婚」の経験を人生の自信にして、これからは真逆のポジティブシンキングで「結婚」を捉えよ！

悩み 27

マッチングアプリで結婚できるのか？

婚活のため、某結婚相談所に登録をしていますが、なかなかいい人を紹介してもらえず、会費も高いので、もっと手軽なマッチングアプリにチャレンジしてみようかな……と迷っています。ただ、会社の若い後輩たちと違って、この手の出会いシステムには、どうしても後ろめたさや危なさを感じるのか、ついつい二の足を踏んでしまってもいます。先生は、マッチングアプリに対して、どのような考えをお持ちですか？

（36歳・独身女性／家具・インテリア販売）

ゴメスのひとり言

先日、電車に乗っていたら、となりのおっさんがマッチングアプリをやっていた。小太りで毛髪も薄めのボサボサで、年齢は50代に届くか届かないか、くらいだろうか？

で、不謹慎ながら、ちょっと盗み見してしまったんだけれど（※相手は30代のY美さんだった）、とにかく真剣に、真剣にスクロール＆返信をしているのである。ある意味、アラフィフでこうもスマホを使いこなすのは、かなりの柔らか頭だとも言えなくはない。しかも、その人……女性を探すための検索ワードが「高田純次」だった。

相当にマッチングアプリを研究しつくしているな、と感心した。枯れセン狙いというニッチ中のニッチをほじくり出そうとする、じつに堅実な作戦。これまでさまざまな試行錯誤を繰り返し、「三の線の中高年男性で若い女性にもちゃんとモテる数少ない有名人が高田純次」なる結論に到ったのだろう。岩城滉一とか舘ひろしとか柴田恭兵とかだと、あまりにリアリティなさすぎだし……。

「だからどうした」と言われれば、つまりがこういうことである。ペアーズ、ティンダーといったマッチングアプリを（現時点での）進化の頂点とする電話やネットを媒介とする出会いのシステムは、たしかにひと昔前だと「利用しているのが他人にバレたら恥ずかしい」なんて感覚を誰しもが持っていた。しかし、今やあんなおっさんですら、電車のなかでとなりからチラ見されようがおかまいなしで堂々とやっちゃっているのだ、と。ましてや、若い子たちはやっていることを公言してますから！　5年もたてば、下手すりゃ結婚式で司会者から「おふたりの出会いのきっかけはペアーズでした、ティンダーでした」みたいな紹介をされても、全然普通になっているのかもしれない。

アメリカでは、我々日本人には想像できないほど、マッチングアプリが〝出会いのツール〟として主流化しつつある、とニューヨーク帰りの女友だちが語っていた。単純にアメリカは日本よりも物理的な面積が広いため、必然的に「直接会って」より「ネットのやりとりで」交流を深めるケースが多くなるのだという。

まだ、アメリカで流行ったモノのほとんどは日本でも時間差で流行る〝追随の法則〟が根強く生きているのであれば、そろそろマッチングアプリも、若い世代だけじゃなく幅広い年齢層がチャレンジしてかまわない頃合いになっているのではなかろうか。

Dr.菅原の回答

マッチングアプリは恋愛のプロセスを最短距離で突き進むことができるじつに合理的なシステムである

どんな相手が来るのか、まったく予想できない「合コン」と比べ、はるかに合理的なツールである「マッチングアプリ」に、欧米の人たちが飛びつくのもわかる気がします。いわば、マッチングアプリは、男女交際における一番面倒臭い「出会い」の部分が簡略化、カジュアル化されているわけです。たった10年ほど前までは、職場やサークルなどを通じて仲良くなるケースを省くと、男女の出会いは「ナンパ」のみでしたからね。

さらに、マッチングアプリだと、いくらメイン写真がキメショットだとしても、少々手間をかけて、相手のプライベート写真をフェイスブックやインスタグラムで調べれば、素のショットがどんどん出てくる。実際に対面したとき、ボールひとつ分程度は外れていることはあっても、デッドボールまで食らうことは滅多にありません。

シェイクスピアの「まことの恋をする者は、皆一瞬で恋をする」といった名言にもあるとおり、**原則として人間の「好き嫌い」は第一印象で決まってしまうものなんです。**そして、その定理に極めて忠実なかたちで、最短距離を突き進めるのがマッチングアプリだと僕は考えています。

人間は「写真のみ」で相手を見極める脳力が発達している

人間もれっきとした〝動物〟なので、「生存本能」は少なからず残っているわけです。だから、ひと目で「この人を相手に子孫を残したい」という判断をおのずと下すようにできています。とくに人間は、そんな「瞬時的判断」をする部分とは別の脳が発達していますから、他の動物よりも群を抜いて「表情を読むのが上手」なんです。**「シミュラクラ現象」**というものがあります。「3つの点が集まると人の目はそれを顔として認識する」という脳の働きのことです。アースのついた3つ穴コンセントをずっとみていると、ほら、顔に見えてきませんか？　クルマが擬人化されるときにも、2つのヘッドライトとナンバープレートの3点が目と口に見立てられます。

これは原始の時代から相手の行動や感情を予測したり、敵か味方を瞬時に判断する必要性のある社会を営んできたうえで培ってきた人類ならではの能力です。よくよく想像してみてください。目と鼻の穴が2つで口がひとつしかない顔のなかから、ここまで多種多様な喜怒哀楽の感情を、たとえば口角をたった数ミリ上げただけで表現できる、それを察知することができるって、すごくないですか？　ちなみに余談ですが、日本人は目で、欧米人は口元で表情を読む傾向が強いと聞いたことがあります。なので、欧米人がサングラスをかけても、あまり怖くは感じないけど、逆にマスクをして街中を平気で歩く日本人の文化は、欧米人にとって不気味に映るのだそう。

マッチングアプリはより「一目惚れ」に特化したツール

「恋愛感情」というのは、脳がドーパミンを放出する報酬系のシステムにのっとっているので、麻薬的な作用が生じやすい状態を引き起こします。大脳辺縁系の「感情」を司っている扁桃《へんとう》体が活発に働くため、「理屈」は後付け――前頭葉による「納得」の役割しか果たしません。

したがって、マッチングアプリは脳科学的にも正しい根拠があるツールで、より「一目惚れ」に特化したシステム。誤解を恐れず言ってしまえば**「恋愛の脳科学的機能を合理的にアプリ化したシステム」**なんです。

そもそも人を好きになるときって、だいたいは後付けじゃないですか。まず原始的な脳で好きになってからあとからその理由を考える。それを「軽い」だとか否定するタイプの人がパラメーター、いわゆる昔で言うところの「3高」とかに頼ってしまう。実際、そういうところから入っていった恋愛より**一目惚れから始まった恋愛のほうが長続きしますしね。**

結論

「3高」などから選んだ男性よりマッチングアプリで知り合った男性のほうが恋愛関係は長続きする？

Dr.菅原と山田ゴメスが街に出て

「モテと非モテの脳科学」理論をリアル検証!

コリドー街突撃潜入ナンパルポ

さて。ここまで脳神経外科医ならではの専門的な知識と、ベテランライターならではの豊富なデータをもとに、さんざん好き勝手な恋愛指南を放言しまくってきたDr.菅原&山田ゴメスであるが、「これら諸々のロジックがいざ実戦ではちっとも役に立ちませんでした」……では、それは単なる「机上の空論」にすぎない。ってなわけで！　ちゃんと街に出て検証してきましたよ〜。あまり乗り気じゃないDr.菅原を強引に引っ張り出して。

今回、突撃潜入ルポの舞台として、我々がチョイスしたのは、近年、一流企業に勤める若い男女の〝出会いスポッ

小雨のコリドー街に突入。Dr.菅原は湿度が高いとテンションが低くなるらしい。

ト〟として熱い視線が注がれる、東京・新橋から銀座に抜ける線路沿いにある全長約400mの路「コリドー街」！　「一流企業に勤めていなくて、若くもないフリーキーなふたり」に、はたして勝算はあるのか？　脳科学に基づいたモテのテクニックは、一見為す術のなさそうな圧倒的ビハインドをくつがえすことができるのか!?　リポーターのゴメスがお届けします!!

スーツで高級感を演出するべきか、孔雀のような派手さでとにかく目立つべきか？

まずは、この日の我らふたりのファッションをチェックしてほしい。

ゴメスは、ピンクのジャンパー（プラダ）に、インナーは紺のパーカー（ラコステ）、パンツはお洒落ジャージ（ヨウジヤマモト）、靴は黒のスニーカー（コムデギャルソンとナイキのコラボアイテム）……という総額20万円強のバブリースタイル（※のちにルイ・ヴィトンのニット帽着用でプラス7万円）。いっぽうのDr.菅原は、アウターが20

万～30万円はしそうなモンクレールという一点豪華スタイル。

ここでDr.菅原から「ゴメスさんのファッションはわかりにくい」と、いきなりのダメ出しが。

「たとえば、10万円でお洒落をするなら4万・3万・3万に分けるのではなく、ひとつのアイテムに10万すべてを突っ込みましょう。ひとつの高価なアイテムが目に付くと、それに他のアイテムも引かれていく習性が人間にはあります」（※88ページ参照）

「アンカー効果」というやつである。なるほど、自宅にあったブランドグッズを根こそぎ引っ張り出して、やみくもにコーデする成金的発想は「かけた金額のわりに見返りが少ない」ってことか。心のノートにメモっておこう。

一般的に「コリドー街へと集まってくる女子は、大半がエリートサラリーマン目当てゆえ、モテるのは圧倒的にスーツ姿、どんなに高価なブランドモノでもカジュアル系は人気が薄い」とされている。Dr.菅原もこうおっしゃっていた。

「スーツは、現代人の脳では一種の『経済力の指標』になっており、『スーツ＝お金持ち』という印象を他人に植えつけやすいのです」（※86ページ参照）

Dr.菅原と山田ゴメスが街に出て
「モテと非モテの脳科学」理論をリアル検証！

取材とはいえ、願わくば可愛い女子がいい…と、物色に余念がないゴメス。

もし、これらのセオリーにのっとるなら、我らふたりのファッションは完全に「負け戦《いくさ》用の死装束」ってことになるわけだが、あえて今回は「突出した外見で異性に接するのは、孔雀が翼を広げて求愛行動をしているようなもので、まずは目立たなきゃという観点になぞれば、戦略的には間違っていません」（※30ページ参照）という、Dr.菅原理論を試すことにした。

スモーカー同士の連帯感・親近感を最大限に活用し、ナンパに挑戦！

孔雀のように（コリドー街では）突出した外見で、コリドー街を一往復半ほどパトロールしたころ、スペインバルの外でタバコを吸っている20代らしき女性ふたりを発見した。「ちょい派手めなコンサバ系」といったほどよいファッションバランスで、容姿レベルもけっこう高い。どちらも「真ん中高めのストレート」、私のストライクゾーンである。

さっそく彼女らに接近して、「このお店、中ではタバコ吸えないの？」と話しかけて

Dr.菅原と山田ゴメスが街に出て
「モテと非モテの脳科学」理論をリアル検証！

ホンのちょっぴりギャルが入ったゴメスのドンズバタイプふたり組を発見！

みる。しばらく「スモーカーには肩身の狭い時代ですよね」「ボク、タバコ吸う女性と一緒にいたらホッとするんですよ」みたいな世間話を交わしてから、「良ければ一緒に飲みませんか？」と誘ってみると……あっさり快諾。

「昨今では迫害される度合がますますエスカレートしている喫煙者は、他の喫煙者に親近感を抱きやすい」というゴメス理論である。

「え！　しょっぱなの声掛けでノルマ達成⁉」

いささか拍子抜けしてしまう。完璧セオリー無視で挑んだからには、一度や二度や十度のトホホなケースぐらい覚悟していたんですけどね。いや、まがりなりにも「検証」を称するなら、むしろ失敗のパターンもいくつかはあったほうがよかったのかもしれない。あくまで事がスムーズに進んだがゆえの余裕からくる発言にすぎないのだが？

とりあえず、初陣の勝因を探るため、彼女らにこう訊ねてみた。

「コリドー街で僕らのような恰好してたら相手にされないって聞いたんだけど……？」

「ここって、まわりはスーツの男ばっかだから、オシャレだったらむしろ目立ってイイと思いますよ～」

「孔雀理論」が「スーツ＝お金持ち理論」を凌駕《りょうが》したわけだ。

Dr.菅原は「ツァルガイニック効果」攻撃を、ゴメスは「バーナム効果」攻撃を試行

それにしても、さっきからDr.菅原はほとんど会話に参加せず、女性からの問いかけに最低限の相づちや回答を返すだけである。「せっかくコッチが一所懸命しゃべって場を盛り上げているのに、なんて協調性のない男なんだ！」とイラつきを覚えるが、約30分後、やっとゴメスは気づいた。そう！　Dr.菅原は、まさに今「脳科学的に、人間は秘密めいているモノ、自分の許容範囲を超えているモノ、初めて出会うモノに興味を示す習性があるんです」という「ツァイガルニック効果」（※31ページ参照）なるものを実践している真っ最中なのであった。

さらには、その効果を応用した「相手に極力正体を掴ませないよう、弾みかけている会話をあえて強制終了」（※32ペ

ージ参照）してみたりと、〝司会進行役〟はゴメスに丸投げしながら、じつに計算された動きで、女子たちのハートをじわりじわりと鷲掴んでいる。「え〜っ、お医者さんなんですか？　なんのお医者さんなんですか〜？」「ん？　脳外科医」「それって、人の頭を切って開けちゃうんですか？」「うん。何百体も何千体も」「すご〜い！」「ところで、キミはどんなお仕事をしてるの？」なんて具合に、だ。

もちろん「1枚の紙切れにあらゆる情報が詰まっている名刺」の交換も「持ってないから」とやんわり拒絶（※32ページ参照）。なかなかに如才がない。このままだと全部持っていかれてしまう。

とっさにDr.菅原から伝授してもらった

「誰にでも該当するような曖昧で最大公約数的な性格を表す記述を、自分だけに該当する性格だと捉える心理学現象」（※99ページ参照）とされている「バーナム効果」が頭に浮かぶ。相手の見た目や第一印象と正反対のことを言えば、人間は必ず対極する二面性を持っているため、「そんな風に言われたの初めて↓この人は私のことをちゃんと見ている」と錯覚（？）してしまう一発逆転の荒技だ。

「ちょい派手め」なふたり組の、より「ちょい派手め」で一見、男友だちもたくさんいそうなほうの女性にこう振ってみる。

「○○ちゃんって、いかにも彼氏ができたら一途っぽいもんね」「意外と一途っぽい」だといけない。「いかにも～」が重要なポイントであるのは申すまでもない。効果はてきめん！「でしょ～？」「あたし、好きになったらその人一筋になっちゃうから、たまに重いって言われるんですよ～」「やっぱり～？」（※この「やっぱり」も重要なポイント）「しょっちゅう飲みに行ったりしてるから、誤解され

記念撮影。「若い女子は下ネタに案外打たれ弱い」の法則からＹ談は封印！

やすいんですけどね～」「そっかあ」……と〝分断〟に成功する。もしかしてボク、今モテてます？

「なんでも好きなもん注文して！」「シャンパン（※正確にはスパークリングワイン）、ボトルで空けちゃおっか⁉」……。

「食い逃げされてもいいや」と無償の愛を最後まで貫く！

終電を気にしはじめた彼女たちとの別れ際も、まことに潔いものだった。

「モテないおじさんの3原則」としてDr.菅原が挙げる「くどい・目線が定まらない・見返りを求めすぎ」（※41ページ参照）を肝に銘じ、最後の最後まで、どんなに酔っぱらっても彼女らの胸元までは目線を落とさず、集中して鼻あたりを凝視し続けるよう努力をした。

会計もオール我々持ちで、仮に「食い逃げされても、楽しかったからそれはそれでいいや」と、あっさりリリース。〝無償の愛〟を貫いた。すると……この日つくったグループＬＩＮＥに翌日、相当な高確率で次回へとつなげられる香りのする、丁寧なお礼メールが届いておりました。

［後日談］

グループＬＩＮＥを駆使して、他の男性メンバーに、自分がタイプな女性とのデートが実現するようフォローを入れてもらう。「直接本人から伝えるよりも、第三者を介して伝えたほうが、より影響力や信ぴょう性が増す脳の習性」（※81ページ参照）を利用した「ウィンザー効果」を試すことは、残念ながらできなかった。なぜなら、Dr.菅原がグループＬＩＮＥに全然参加してきてくれないからである。

すわ！　抜けがけか⁉

だとすれば、やはりDr.菅原、とんでもなく油断のならない男である。ならば、私も抜けがけして、今日から個人攻撃へと移行しますんで！　こうして男同士の友情と結束は、脆《もろ》くも崩れていくのだ。

この直後、彼女らふたりに「写真使用の許可を得る」のついで、次のような内容のLINEを別々に送った。

「今度、私と菅原が共同で出版する著書に、先日のコリドー街の体験ルポを載せないかという話になりまして、つきましては、おふたりのことを少しだけ、写真も含めて登場させてもかまわないか、ご相談させていただきました。もちろん、悪口など一切書きませんし、名前や年齢や職業他の個人情報も伏せて、個人が特定できない万全の注意は払いますので、何卒承諾のほど、よろしくお願いいたします m(_ _)m」

そしたらその数時間後、ひとりからは

「了解です（絵文字）原稿楽しみにしてますねー♫」

もうひとりからは

「全然オッケーですよ（絵文字）悪口書いてもいいし、好きに使っていいですよ

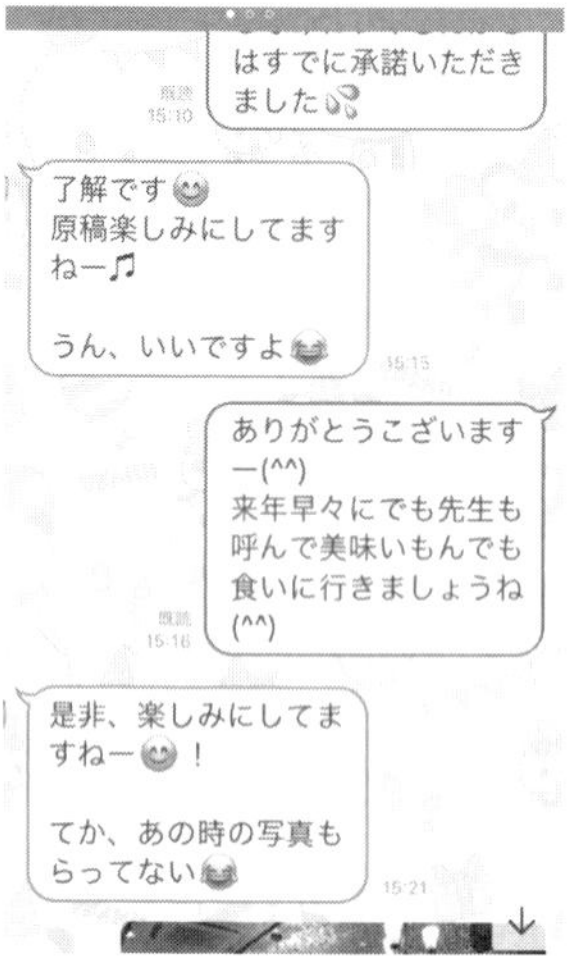

!!!（絵文字）」

という好意的なメッセージが返ってきた。それ以降は、
「ありがとうございます（絵文字）来年、また美味いもんでも食いに行きましょうね（絵文字）」

と、相手の文字分量や絵文字・顔文字・スタンプの数に自分の文面を合わせる「LINEやまびこの法則」（※75ページ参照）を堅守しながら、宣言どおりの抜けがけ、周到な個人攻撃へと勤《いそ》しむゴメスであった。（未完）

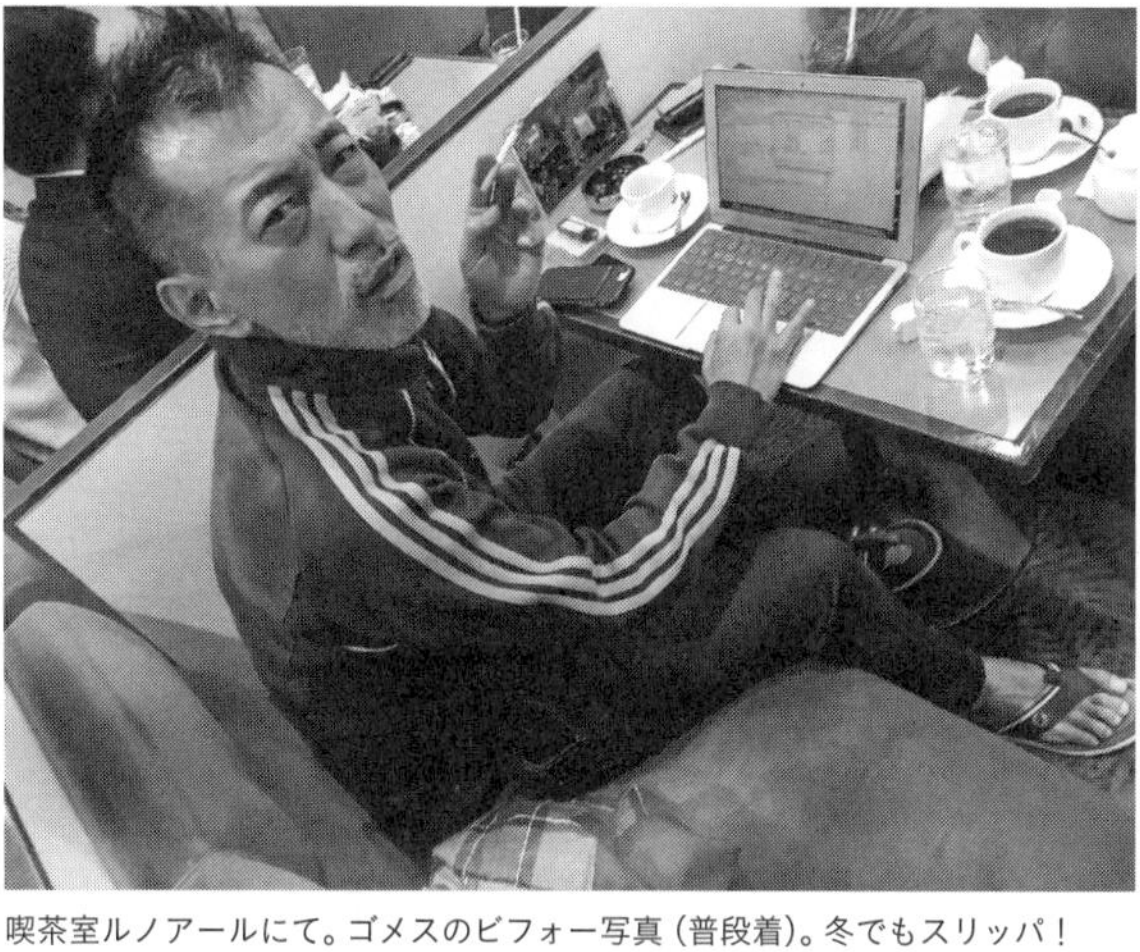

喫茶室ルノアールにて。ゴメスのビフォー写真（普段着）。冬でもスリッパ！

あとがき

私たちの人生、うまくいくことも、うまくいかなかったこともたくさんありますよね。すべての出来事が望んだ結果ではなかったことではないでしょう。ラジオから流れる古い曲を聞けば、何年たってもその歌が流行っていた当時にフラれた記憶がムクムクと脳のなかによみがえり、胸苦しさを感じてしまうことはだれにもある経験です。

どうして自分だけがうまく行かないのだろう、なぜフラれてばっかりなのだろう、年のせいかなあ、顔のせいかなあ、お金に余裕がないせいかなあ、と自問自答をしている人たち向けにこの本を書きました。

シンプルな結論を書きます。

モテるためには、モテようとしないこと。

食事をごちそうしたからとか、プレゼントをあげたからとか、仕事を手助けしたから、とお金と時間と労力を使った見返りを期待していることがちらつけばちらつくほど、人は「モテ」から縁遠くなります。

そんなことよりも常に相手を楽しませるとか、喜ばせるといった心構えで異性と接することが重要と私は考えます。

私の友人であるラーメン屋店主は稀代のモテ男なのですが、容姿がタイプの女性ではなくても、食事をおごってもらうために来ましたと顔に書いてあるような女性でも、すきあらば男性に貢がせようと考えているような女性でも、どんなメンバーの飲み会でも全力をつくしてみんなを楽しませようとし、最後には「今日もたくさん女の子を笑わせたから、良し！！」と常に言っていました。

たとえ、アッシー君やメッシー君のように、いいように使われたっていいじゃないですか。もしそのような女性に不幸にも出会ってしまったら、「心が貧しい女性もいることがわかったなあ」と考えてみましょう。

あなたにふさわしい女性は、決してそんなことを考える女性ではなく、無償の愛に気づき応えてくれる女性です。あなた自身が「恋愛はギブアンドテイク」と考えていると、あなたの魅力は半減します。

相手を楽しませるギブ・ギブ・ギブの精神がモテの王道です。

私が思うに、「フラれた」という経験をたくさん持っている人のほうが、フラれたことがない人よりも、人間的な魅力と、メンタルタフネスを手に入れることができます。

I have not failed. I've just found 10,000 ways that won't work.

(失敗はしていない。1万通りのうまく行かない方法を見つけただけである。)

これは、発明王トーマス・エジソンの有名な言葉です。

人生はトライ・アンド・エラーの繰り返し。山あれば谷あり。苦あれば楽あり。

フラれることは決して、負けでも汚点でもありません。長い人生において起こったあなたにしか経験できないひとつの出来事にしかすぎないのです。それをどうとらえて自分に役に立てるか、それがモテと非モテの境界線です。

フラれたことがモテないのではなく、「フラれることを恐れて一歩を踏み出せない」ことが「モテない」ということです。苦しいし、嫌だし、逃げ出したくなるかもしれませんが、まずは現状を認めること。大切なのはそれをどうとらえ、自分を変えることができるかということ。

この本で紹介した「技術」は大多数の女性に通じますが、あなたが思っている女性には通用しないかもしれません。女性たちは画一的なプログラムではなく、生まれ育った環境が違い、遺伝子も違い、考え方も違う多様性をもった生身の人間です。ですから、相手を楽しませるんだという気持ちを常に持って、この本をうまく応用してみてください。柔軟に対応できる心の余裕をもつこともモテの秘訣です。

「モテる」ことの資質はどんなコンピューターにも負けないあなたの脳の中にあります。

この本が、あなたの「新しい一歩」の助けになれば幸いです。

最後に、敬愛する共著者の山田ゴメスさん、オールアバウトナビの荒井洋平さん、ワニ・プラスの小幡恵さん、そして、花崎広樹さん、曽谷大さんをはじめ、企画立案、出版に協力していただいた皆様に心から感謝の気持ちと御礼を申し上げます。

菅原道仁

「モテ」と「非モテ」の脳科学
おじさんの恋心はなぜ報われないのか

２０１９年２月25日　初版発行

著者　菅原道仁
　　　山田ゴメス

菅原道仁（すがわら・みちひと）
脳神経外科医。１９７０年生まれ。杏林大学医学部卒。国立国際医療研究センター、２０１５年菅原脳神経外科クリニックを開院。頭痛、めまい、もの忘れ、脳の病気の予防の診療を中心に医療を行う。著書に『なぜ、脳はそれを嫌がるのか』（サンマーク出版）『一生疲れない「脳」の休め方』（実務教育出版）ほか。

山田ゴメス（やまだ・ごめす）
ライター兼イラストレーター。１９６２年大阪府生まれ。関西大学経済学部卒業。守備範囲はエロからファッション、音楽&美術評論、漫画原作までと幅広く、かつては男性情報誌『Hot-Dog PRESS』の恋愛マニュアルも担当。２０１９年から電話やメッセージで恋愛相談に応じる「Lovers相談室」アドバイザーに就任。

発行者　佐藤俊彦
発行所　株式会社ワニ・プラス
〒１５０-８４８２
東京都渋谷区恵比寿４-４-９ えびす大黒ビル７F
電話　０３-５４４９-２１７１（編集）
発売元　株式会社ワニブックス
〒１５０-８４８２
東京都渋谷区恵比寿４-４-９ えびす大黒ビル
電話　０３-５４４９-２７１１（代表）
装丁　橘田浩志（アティック）
　　　柏原宗績
DTP　平林弘子
印刷・製本所　大日本印刷株式会社

ISBN 978-4-8470-6143-1
ワニブックスHP　https://www.wani.co.jp